100 Rezepte

Aufläufe und Eintöpfe

100 Rezepte

Aufläufe und Eintöpfe

von
Helga Lederer

Unipart-Verlag · Stuttgart

Inhalt

Innentitel:
Altdeutsche Kartoffelsuppe (Rezept S. 15)

ISBN 3 8122 3330 4

Einleitung

Eintöpfe und Aufläufe sind traditionsreich und in den letzten Jahren zu unrecht etwas in Vergessenheit geraten. Eintöpfe müssen kein Resteessen sein. Die Rezepte sind meist einfach nachzukochen, sättigend und preisgünstig. Die Palette der Möglichkeiten ist vielfältig. Besonders schmackhaft sind herzhafte Aufläufe und Eintöpfe mit pikanten Zutaten.

Eintöpfe und Aufläufe schmecken gut, sind zeitgemäß und bringen Abwechslung in die Küche. Der Eintopf war früher der Inbegriff von todgekochtem Gemüse ohne Nährwerte und Vitamine, in erster Linie fett und deftig. Dies hat sich gründlich geändert. Der Eintopf hat sich zu einem delikaten Gericht gewandelt, der heute wieder hochaktuell und beliebt ist. Gerade in der kalten Jahreszeit macht es besonders viel Spaß heiß dampfende, köstliche, wohlschmekkende Eintöpfe auf den Tisch zu bringen. Wer kennt sie nicht, die originellen Klassiker wie Pichelsteiner, Szegediner Gulasch, Leipziger Suppentopf, Irish Stew usw. In manchen Regionen ist der Eintopf ein typisches Samstag-Essen der mit Obst-Blechkuchen serviert wird.

Beim Auflauf unterscheidet man zwischen Soufflé, Flan oder einer Timbale.

Das Soufflé wird mit vielen Eiern hergestellt und ist besonders luftig und locker. Beim Flan werden die Eier nicht getrennt, sondern mit Milch oder Sahne verquirlt und über die Zutaten gegossen. Die Timbale wird in hohen Becherformen oder feuerfesten Porzellanförmchen, im Wasserbad, in der Backröhre gegart.

Bei einem süßen Auflauf vorher eine Suppe servieren und bei einem pikanten Auflauf als Dessert eine kleine Nachspeise.

Hier die breite Palette des Buches angefangen mit Gemüse bunt und knackig bis zu den süßen Nachspeisen und fruchtigen Desserts.

– Bunte leichte Gemüseeintöpfe, angereichert mit Fleisch, Nudeln oder Kartoffeln, die mit einem kernigen Bauernbrot serviert werden, bringen Abwechslung in unseren Speiseplan.

– Bunte Nudel-Eintöpfe kann man wirklich mit fast allem kombinieren, jede Region hat hier ihre speziellen Rezepte. Ein besonderer Genuß sind die selbstgemachten Nudeln. Wer sie einmal ausprobiert hat, möchte keine anderen mehr essen.

– Eintöpfe und Aufläufe aus Kartoffeln sind billig, sättigend und schmecken köstlich.

– Wegen seiner schnellen und einfachen Zubereitung ist Reis bei uns sehr beliebt. Sein neutraler Geschmack erlaubt eine vielseitige Verwendung. Egal ob man ihn mit Fisch, Fleisch, Geflügel, Gemüsen oder mit Kräutern und Gewürzen kombiniert, er schmeckt als Eintopf, Auflauf, Gratin oder als Reispfanne.

– Vollwert-Eintöpfe sind zeitgemäß und sorgen für eine ausgeglichene, balaststoffreiche Ernährung.

– Für die vegetarische Küche sollte man nur frische Gemüse und Kräuter kaufen, vor allem Gemüse der Saison. Das Gemüse möglichst sofort verarbeiten und die Eintöpfe mit Körnern anreichern.

– Mit guten Zutaten, herzhaften Würsten, frischem Gemüse und würzigen Kräutern, ist der Wurst-Eintopf eine Delikatesse, die jeder echte Gourmet zu schätzen weiß.

– Schmackhafte Eintöpfe mit Schweinefleisch, die gerade in der kalten Jahreszeit für die nötige innere Wärme sorgen, gehören nach wie vor zu den Spitzenreitern der deutschen Küche.

– Kein Fleisch eignet sich so gut für Eintöpfe wie Rindfleisch. Mit verschiedenen Gemüsen der Jahreszeit kombiniert, kocht man mit Rindfleisch die köstlichsten Eintöpfe. Fast jeder Landstrich hat seine speziellen Eintopf-Schöpfungen.

– Kalbfleisch ist wunderbar geeignet für Ragouts und Geschnetzeltes. Wohlschmeckende Eintöpfe mit feinen Gemüsen verarbeitet und mit aromatischen Gewürzen abgerundet, sind eine Köstlichkeit.

– Nicht nur für die kalte Jahreszeit sind Lammragouts, Terrinen und Gratins aus zartem Fleisch und feinen Gemüsen Leckerbissen, sondern sie sind nahrhaft und bringen Abwechselung in unseren Speiseplan. Viel Furore kann man auch mit den Hasen-Eintöpfen oder Wildragouts machen, die man hervorragend für eine Einladung vorkochen kann.

– Aus Geflügel kann man die leckersten Eintöpfe und Frikassees zubereiten: Mit Wein abgeschmeckt oder aber mit frischen Kräutern und Gemüse verändert, zaubern Sie originelle Varianten.

– Süß- und Seewasserfische, Muscheln und Shrimps werden mit feinen Gemüsen, Kräutern und Gewürzen zu phantasievollen Rezepten verarbeitet wie z.B. Ragouts, Terrinen und Frikassees.

– Der französische Bruder von unserem Auflauf ist das Soufflé. Hier finden Sie eine Reihe von luftig duftigen Rezepten mit Kräutern, Tomaten oder Käse bzw. mit einer pikanten Sauce serviert.

– In der schönsten Zeit des Jahres, dem Urlaub, lernen wir oft neue internationale Gerichte kennen, die man auch gerne zu Hause einmal nachkochen möchte. Hier im Buch eine breite Palette internationaler Spezialitäten von lukullisch bis exotisch zum Schwelgen in Ferienerinnerungen.

– Diese süßen Köstlichkeiten schmecken groß und klein. Man kann sie als Dessert oder als Hauptgericht, mit Kompott oder raffinierten Saucen servieren, heiß oder kalt, ganz nach Belieben.

In diesem Buch findet man Feines, Pikantes, aber auch Deftiges für jeden Appetit und Geschmack. Für jeden Anlaß ist etwas dabei, so wird man bestimmt zum Eintopf- und Auflauf-Fan.

Aufbau der Rezepte

Die Rezepte sind, wenn nicht anders angegeben, für 4 Personen berechnet.

Die Zutaten sind in der Reihenfolge der Verwendung aufgelistet.

Die erstklassige Qualität von Fleisch und Zutaten sind eine Grundvoraussetzung für gutes Gelingen.

Frische Kräuter und Gewürze tragen ebenfalls zur geschmacklichen Steigerung der Eintöpfe und Aufläufe bei.

Aufläufe

Die Eier im Auflauf lockern, binden und bewirken das typische »Auflaufen« bzw. Aufsteigen der Masse. Soll der Auflauf besonders locker werden, so verwenden Sie noch ein zusätzliches Ei.

Den Auflauf nach dem Backen sofort heiß servieren. Bei längerem Stehenlassen sinkt der Auflauf leicht zusammen.

Aufläufe immer auf der unteren Schiene backen und später zum Überbacken nach oben versetzen. Der Auflauf sollte eine goldbraune Kruste haben.

Ein Auflauf ist eine schmackhafte Hauptmahlzeit und wird in der feuerfesten Auflaufform sofort auf den Tisch gebracht.

Das Wasserbad auf dem Herd und in der Backröhre

Die eine Art Speisen im Wasserbad zu zubereiten ist die, in einer Bratenpfanne oder flachen Schale ca. 2 cm Wasser einfüllen und die Auflauf- oder Puddingform, die nur zu zwei Drittel gefüllt sein darf, bei ca. 160 Grad langsam garen.

Die zweite Art ist, einen größeren Topf mit Wasser auf die Herdplatte stellen und nur leicht erhitzen, einen zweiten Topf oder eine Metallschüssel in das Wasserbad stellen und so Cremes, Saucen usw. darin unter Rühren und mäßiger Hitze cremig schlagen.

Gratinieren oder Überbacken

Die Zutaten in eine gefettete Form lagenweise einschichten und mit einer Mischung aus Sahne/Milch, Eiern und Käse übergießen. Im vorgeheizten Backofen bei ca. 190 Grad gratinieren bzw. überbacken. Falls der Auflauf zu schnell dunkel wird, mit etwas Alufolie abdecken.

Maßeinheiten wurden wie folgt abgekürzt

1 TL = 1 Teelöffel
1 EL = 1 Eßlöffel
1 Tasse = ca. 1/8 l = 125 ml
Msp. = 1 Messerspitze

Maße und Gewichte

1 Suppenteller = ca. 1/4 l = 250 ml
1 Weinglas = ca. 1/8 l = 125 ml
1 Tasse = ca. 1/8 l = ca. 125 ml
1 Schnapsglas = ca. 2 cl = 20 ml

Teelöffel – Eßlöffel und Tasse in Gramm

je 1 Teelöffel, Eßlöffel, Tasse gestrichen voll

Mayonnaise	10 g	30 g	250 g
Speisestärke	5 g	15 g	120 g
Öl	3 g	9 g	75 g
Essig	5 g	15 g	-
Wasser	5 g	15 g	-
Mehl	3 g	10 g	80 g
Zucker	5 g	15 g	-
Salz	5 g	15 g	-
Butter	5 g	15 g	-
Sahne	4 g	10 g	125 g
Crème fraîche	4 g	10 g	125 g

Brat- und Backtemperaturen:

E-Herd	Gas-Herd
160 Grad C	Stufe 1
180 Grad C	Stufe 2
200 Grad C	Stufe 3
220 Grad C	Stufe 4
240 Grad C	Stufe 5

Schwache Hitze ist 160 Grad C
Mittelhitze ist 180 Grad C
Starke Hitze ist über 220 Grad C

Gemüse – bunt, leicht und deftig

Kerbelsuppe

250 g Lauch
250 g Kartoffeln
2 EL Butter
750 ml Rinderfond
250 ml süße Sahne
100 g Kerbel
Salz
weißer Pfeffer

Den Lauch putzen, waschen und in feine Ringe schneiden. Die Kartoffeln schälen und in Würfel schneiden.

Die Butter in einem Topf erhitzen, die Lauchringe und die Kartoffelwürfel darin andünsten. Mit dem Rinderfond aufgießen und 30 Minuten zugedeckt kochen lassen.

Mit einem Mixstab pürieren oder durch ein Sieb streichen, dann die Sahne zur Suppe rühren. Den Kerbel waschen und fein hacken.

Die Suppe nochmals erhitzen und den Kerbel zugeben und mit Salz und frisch gemahlenem Pfeffer abschmecken, nicht mehr kochen lassen. Mit Knoblauchbrot servieren. *(Abbildung links)*

Tomaten-Spinat-Gratin

500 g Spinat, 2 Zwiebeln
4 EL Butter
6 EL Weißwein
Salz, weißer Pfeffer
1 Prise Zucker
geriebene Muskatnuß
150 g gekochter Schinken
4 Tomaten, 1 EL Butter
250 g Emmentaler
1 Bund Basilikum

Den Spinat verlesen, waschen und kurz blanchieren, kalt abschrecken und beiseite stellen. Die Zwiebeln schälen und in Würfel schneiden.

Die Butter in einem Topf erhitzen, und die Zwiebeln darin andünsten. Den Spinat zugeben und mit dem Wein aufgießen. Mit Salz, frisch gemahlenem Pfeffer, Zucker, und Muskatnuß abschmecken und 5 Minuten dünsten.

Den Schinken in Würfel schneiden. Die Tomaten kurz in kochendes Wasser tauchen, häuten, vierteln und entkernen, dann in Streifen schneiden.

Eine feuerfeste Form mit etwas Butter auspinseln. Den Spinat hineingeben, den Schinken und die Tomaten darauf geben. Den Emmentaler reiben und darüber streuen. Im vorgeheizten Backofen bei 200 Grad 15 Minuten überbacken.

Das Basilikum waschen und in Blättchen zupfen und kurz vor dem Servieren über das Gratin streuen. Dazu schmecken neue Kartoffeln.

Bärlauch-Suppe (wilder Knoblauch)

100 g Bärlauch

Zutaten und Zubereitung wie Rezept »Kerbelsuppe«, nur den Kerbel durch Bärlauchblätter (wilder Knoblauch, der im Mai in Auwäldern wächst; verwendet werden die jungen Blätter vor der Blüte) ersetzen.

Kräuterrahmsuppe

1 Zwiebel
1 Knoblauchzehe
250 g Kohlrabi
250 g Kartoffeln
4 EL Butter
500 ml Rinder Fond
500 ml Crème fraîche
2 Bund geschmischte Kräuter:
Petersilie
Estragon, Dill
Kerbel
Kresse
Schnittlauch
1 EL Speisestärke
2 EL Wasser
4 Eigelb, Salz
weißer Pfeffer
1 Prise Zucker
geriebene Muskatnuß
1 Schuß Weißwein

Die Zwiebel und Knoblauchzehe schälen und fein würfeln. Die Kohlrabi und Kartoffeln schälen und in Streifen schneiden.

Die Butter in einem Topf erhitzen, die Zwiebel- und Knoblauchwürfel sowie die Kartoffel- und Kohlrabistreifen darin andünsten.

Mit dem Rinderfond aufgießen und 25 Minuten leicht köcheln lassen. Dann die Crème fraîche einrühren.

Die Kräuter waschen und fein hacken. Die Speisestärke mit dem Wasser anrühren und zur Suppe geben, nochmals aufkochen und die Kräuter dazurühren.

Die Eigelbe verquirlen und unter die nicht mehr kochende Suppe rühren. Mit Salz, frisch gemahlenem Pfeffer, Zucker, einer Prise geriebener Muskatnuß und Weißwein abschmecken. Mit französischem Weißbrot servieren.

Lauch-Kartoffel-Topf

Für 8 Personen:

500 g Lauch
1 kg Kartoffeln
3 EL Butter
2 l Rinder Fond
1 Bund Petersilie
1 Becher Sahne-Dickmilch
Salz
schwarzer Pfeffer

Den Lauch putzen, waschen und in feine Ringe schneiden. Die Kartoffeln schälen und in dünne Scheiben schneiden.

Die Butter in einem Topf zerlassen und den Lauch darin andünsten, die Kartoffeln zugeben und mit dem Rinderfond aufgießen. Zum Kochen bringen und 30 Minuten kochen lassen, bis das Gemüse fast gar ist.

Die Petersilie waschen und kleinhacken. Kurz vor dem Servieren die Dickmilch einrühren und die Petersilie zugeben. Mit Salz und Pfeffer abschmecken.

Tip: Sehr edel schmeckt die Suppe, wenn man zum Schluß 50 g in Streifen geschnittenen, geräucherten Lachs dazugibt.

Zucchini-Gratin

500 g Zucchini
2 Zwiebeln
4 EL Butter
6 EL Brühe
Salz, weißer Pfeffer
1 TL Zitronensaft
150 g gekochter Schinken
2 Tomaten
1 EL Butter
250 g Gouda
1 Bund Petersilie

Die Zucchini waschen, abtropfen lassen und mit der Schale in Scheiben schneiden.

Die Zwiebeln schälen und in Würfel schneiden. Die Butter in einem Topf erhitzen, und die Zwiebeln darin andünsten.

Die Zucchini zugeben und mit dem Rinderfond aufgießen. Mit Salz, frisch gemahlenem Pfeffer und dem Zitronensaft abschmecken, 10 Minuten dünsten.

Den Schinken in Würfel schneiden. Die Tomaten kurz in kochendes Wasser tauchen, häuten, vierteln und entkernen, dann in Streifen schneiden.

Eine feuerfeste Form mit Butter auspinseln. Die Zucchini einfüllen, den Schinken und die Tomaten daraufgeben. Den Gouda reiben und darüber streuen.

Im vorgeheizten Backofen bei 200 Grad 25 Minuten backen. Die Petersilie waschen, kleinschneiden und kurz vor dem Servieren über das Gratin streuen.

Das Gratin schmeckt sehr gut als Hauptgericht mit neuen Kartoffeln oder Püree und als Beilage zu gegrilltem oder kurzgebratenem Fleisch.

Fenchel-Gratin

500 g Fenchel

Zutaten und Zubereitung wie Rezept »Zucchini-Gratin«, nur die Zucchini durch Fenchel ersetzen.

Brunnenkressesuppe

50 g Brunnenkresse

Zutaten und Zubereitung wie Rezept »Kerbelsuppe«, nur den Kerbel durch Brunnen- oder Gartenkresse ersetzen.

Sauerampfersuppe

100 g Sauerampfer

Zutaten und Zubereitung wie »Kerbelsuppe«, nur den Kerbel durch selbstgesammelten oder gekauften Sauerampfer ersetzen.

Kohlrabi-Topf

Für 8 Personen:
500 g Kohlrabi
1 kg Kartoffeln
3 EL Butter
2 l Rinderfond
1 Bund Petersilie
200 ml Crème fraîche
Salz
schwarzer Pfeffer

Die Kohlrabi schälen und in Streifen schneiden. Die Kartoffeln schälen und in dünne Scheiben schneiden.

Die Butter in einem Topf zerlassen und die Kohlrabi darin andünsten, die Kartoffeln zugeben und mit dem Rinderfond aufgießen.

Zum Kochen bringen und 25 Minuten kochen lassen, bis das Gemüse fast gar ist. Die Petersilie waschen und kleinhacken. Kurz vor dem Servieren die Crème fraîche einrühren und die Petersilie zugeben.

Mit Salz und Pfeffer abschmecken.

Nudeln – Köstlich und ideenreich

Hörnchen-Gemüsetopf

2,5 l Wasser
2 EL Salz, 2 EL Öl
250 g Hörnchen-Nudeln
1 Karotte
2 Stangen Lauch
2 Kartoffeln
250 ml Rinderfond
2 große Fleischtomaten
Salz, weißer Pfeffer
1 Bund Petersilie

Das Wasser mit Salz und Öl zum Kochen bringen, die Nudeln einlegen, aufkochen lassen, umrühren und bei geringer Hitze mit geöffnetem Deckel 8 – 12 Minuten je nach Sorte kochen lassen. Die Nudeln müssen noch »al dente« sein, das heißt, sie müssen noch »Biß« haben. Hin und wieder anhand einer Nudel kontrollieren, dann in ein Sieb gießen und mit kaltem Wasser abschrecken, warm stellen.

Inzwischen die Karotte schälen und in Scheiben schneiden. Den Lauch putzen, waschen und in Ringe schneiden. Die Kartoffeln schälen und in Würfel schneiden.

Den Rinderfond in einen Topf geben, und das Gemüse darin ca. 15 Minuten leicht kochen lassen.

Die Tomaten kurz in kochendes Wasser halten, schälen, vierteln und entkernen, dann in Würfel schneiden. Das Gemüse mit den Nudeln in eine vorgewärmte Schüssel geben und vermischen, mit Salz und Pfeffer abschmecken. Zum Schluß die Tomaten unterheben.

Die Petersilie waschen, kleinschneiden und über den Gemüsetopf streuen.

Paprika-Nudeltopf

25 g getrocknete chinesische Pilze
2,5 l Wasser
2 EL Salz, 2 EL Öl
250 g breite Bandnudeln
2 rote und 1 grüne Paprikaschote
2 Bund Frühlingszwiebeln
1 Zwiebel
1 Knoblauchzehe
250 g gekochter Schinken
3 EL Butter
75 ml Weißwein
750 ml Rinderfond
Salz, weißer Pfeffer
1/2 TL Oregano
geriebene Muskatnuß
1 Prise Zucker
125 ml Crème fraîche
1 Bund Estragon

Das Wasser mit Salz und Öl zum Kochen bringen, die Nudeln einlegen, aufkochen lassen, umrühren und bei geringer Hitze mit geöffnetem Deckel 8 – 12 Minuten je nach Sorte kochen lassen. Die Nudeln müssen »al dente« sein, das heißt, sie müssen »Biß« haben. Hin und wieder anhand einer Nudel

kontrollieren, dann in ein Sieb gießen und mit kaltem Wasser abschrecken, beiseite stellen.

Die Paprikaschoten waschen, putzen, halbieren und entkernen, dann in Streifen schneiden. Die Frühlingszwiebeln waschen, putzen und in Ringe schneiden.

Die Zwiebel und die Knoblauchzehe schälen und fein würfeln. Den Schinken in Würfel schneiden.

Die Butter in einer Pfanne erhitzen. Die Paprikaschoten, Frühlingszwiebeln, Zwiebel-, Knoblauchwürfel und den Schinken darin dünsten. Mit Wein und dem Rinderfond aufgießen. Zum Schluß mit Salz, frisch gemahlenem Pfeffer, Oregano, Muskatnuß und der Prise Zucker abschmecken.

Bei geringer Hitze 25 Minuten kochen. Zum Schluß die Nudeln zugeben und nochmals kurz erhitzen. Vor dem Servieren die Crème fraîche unterziehen und den Nudeltopf in eine Terrine umfüllen.

Den Estragon waschen, kleinschneiden und über den Eintopf streuen.

(Abbildung oben)

Kartoffeln – nahrhaft und sättigend

Altdeutsche Kartoffelsuppe

750 g Kartoffeln
2 Zwiebeln
2 Knoblauchzehen
3 Karotten
2 Stangen Lauch
3 EL Butter
200 g gekochter Schinken
1 l Rinderfond
1 Bund Majoran
Salz, schwarzer Pfeffer
1 TL Paprikapulver
4 Mettwürste
Zum Garnieren:
1 Bund Petersilie

Die Kartoffeln schälen und in Würfel schneiden. Die Zwiebeln und die Knoblauchzehen schälen und klein würfeln.

Die Karotten schälen und in Scheiben schneiden. Den Lauch putzen, in Ringe schneiden, waschen und abtropfen lassen. Den Schinken in Würfel schneiden.

Die Butter in einem Topf erhitzen, das Gemüse und die Schinkenwürfel darin andünsten. Mit der Brühe aufgießen. Den Majoran waschen und klein schneiden. Mit Salz, frisch gemahlenem Pfeffer, Paprikapulver und dem Majoran abschmecken.

Die Mettwürste zugeben und die Suppe 20 Minuten garkochen. Die Petersilie waschen, klein schneiden und die fertige Suppe damit servieren. *(Abbildung links)*

Bayerisches Kartoffel-Gulasch

1 kg Kartoffeln
50 g durchwachsener Speck
250 g Zwiebeln
1 TL Paprika
Salz
1 kleines Liebstöckelblatt
1/2 Bund Basilikum
250 ml Rinderfond
2 EL Mehl
100 ml Crème fraîche
1 Bund Petersilie

Die Kartoffeln schälen und in grobe Würfel schneiden. Den Speck würfeln und in einer Pfanne auslassen. Die Zwiebeln schälen, in Würfel schneiden und im Speck andünsten. Die Kartoffeln, den Paprika, das Salz zugeben und kurz mitdünsten.

Die Kräuter waschen, klein hacken und zugeben. Dann mit der Brühe aufgießen, aufkochen und zugedeckt 25 Minuten leicht dünsten lassen.

Das Mehl mit der Crème fraîche verrühren und 5 Minuten vor Ende der Garzeit vorsichtig unterrühren.

Die Petersilie waschen und klein hacken. Eventuell nochmals abschmecken und mit der Petersilie bestreut servieren.

Gratin-Provençale

1/2 Bund Thymian
1/2 Bund Oregano
1 Rosmarinzweig
400 ml Crème fraîche

Zutaten und Zubereitung wie Rezept »Kartoffel-Gratin« (Rezept s. S. 17), statt der gemischten Kräuter je 1/2 Bund Thymian, Oregano und 1 Rosmarinzweig verwenden. Die süße Sahne durch Crème fraîche ersetzen.

Frühlings-Gratin

1 Bund Frühlingszwiebeln
1 Bund Petersilie
400 ml Crème fraîche

Zutaten und Zubereitung wie Rezept »Kartoffel-Gratin« (S. 17), statt der gemischten Kräuter 1 Bund Frühlingszwiebeln und 1 Bund Petersilie verwenden. Die süße Sahne durch Crème fraîche ersetzen. Die Frühlingszwiebeln putzen, waschen und in feine Ringe schneiden und unter die Kartoffeln mischen.

Pikante Kartoffelsuppe

750 g Kartoffeln
3 Karotten
500 ml Rinderfond
1/2 Bund Majoran
schwarzer Pfeffer
6 Mettwürste
1 Paket Frischkäse
Zum Garnieren:
20 g Kerbel

Die Kartoffeln schälen und in Würfel schneiden. Die Karotten schälen und in Scheiben schneiden. Den Majoran waschen und kleinschneiden.

Den Rinderfond in einen Topf geben, Kartoffeln, Karotten und Majoran zugeben, dann 15 Minuten garen. Mit frisch gemahlenem Pfeffer abschmecken, und die Suppe pürieren.

Die Mettwürste in Scheiben schneiden. Den Frischkäse unter die Suppe rühren und die Mettwurstscheiben dazugeben.

Den Kerbel waschen, und die Blättchen auf die fertige Suppe legen.

Überbackene Kartoffel-Gnocchi

1 kg Pellkartoffeln
200 g Mehl
3 Eigelb
Salz, weißer Pfeffer
1 TL getrockneter Thymian
2 l Wasser
50 g Emmentaler
250 ml süße Sahne
4 EL Butter

Die Kartoffeln schälen und durch die Kartoffelpresse drücken oder durch ein Sieb in eine Schüssel passieren.

Mit Mehl und Eigelben zu einem Teig verarbeiten. Mit Salz, frisch gemahlenem Pfeffer und Thymian abschmecken. Aus dem Teig walnußgroße Klößchen formen.

Das Wasser in einem Topf zum Kochen bringen, die Kartoffelklößchen einlegen. Die Hitze herunterschalten und 10 Minuten gar ziehen lassen, das Wasser darf nicht mehr kochen. In der Zwischenzeit den Käse reiben.

Danach die Gnocchi herausnehmen und abtropfen lassen. Den Deckel eines Bräters mit 1 EL Butter einfetten, die Kartoffel-Gnocchi hineinlegen, mit der Sahne übergießen und mit dem Käse bestreuen.

Die restliche Butter als Flocken auf den Klößchen verteilen. Die Form im vorgeheizten Backofen bei 220 Grad ca. 15 Minuten backen und in der Form servieren.

Kartoffel-Gratin

1 kg Kartoffeln
2 Knoblauchzehen
Salz, weißer Pfeffer
geriebene Muskatnuß oder Kümmel
1 Bund gemischte Kräuter:
Petersilie
Estragon
Zitronenmelisse
Minze, Majoran
200 g Emmentaler oder Gouda
4 EL Butter
3 Eier
400 ml süße Sahne

Die Kartoffeln schälen und in dünne Scheiben schneiden, nochmals waschen und trockentupfen. Die Knoblauchzehen schälen und fein würfeln.

Die Kartoffelscheiben in eine Schüssel geben, mit dem Knoblauch, Salz, frisch gemahlenem Pfeffer und Muskatnuß oder Kümmel würzen. Die Kräuter waschen, kleinschneiden und unter die Kartoffelscheiben mischen. Den Käse reiben. Eine Auflaufform mit 1 Eßlöffel Butter einfetten und die erste Lage Kartoffeln einfüllen, dann einen Teil des Käses darüber streuen und so fortfahren, bis die Form gefüllt ist. Den Abschluß bildet eine Lage Käse.

Die Eier mit der Sahne verrühren und über den Auflauf gießen. Die restliche Butter als Flöckchen auf dem Auflauf verteilen.

Im vorgeheizten Backofen bei 220 Grad ca. 30 – 40 Minuten backen. Das Gratin mit einer großen Schüssel buntem Salat als Hauptgericht servieren. *(Abbildung oben)*

Tip: Gratins aus gekochten Kartoffeln benötigen nur 20 Minuten Garzeit. Das Gratin läßt sich auch mit Appenzeller, Raclette oder Gruyere-Käse zubereiten.

Spinat-Gnocchi

50 g tiefgefrorener Spinat

Zutaten und Zubereitung wie Rezept »Überbackene Kartoffel-Gnocchi« (S. 16), zuzüglich 50 g aufgetauten, ausgedrückten Spinat in den Teig einarbeiten, eventuell etwas mehr Mehl verwenden.

Majoran-Gratin

1 Bund Majoran

Zutaten und Zubereitung wie Rezept »Kartoffel-Gratin« (S. 16). Statt der gemischten Kräuter 1 Bund Majoran verwenden.

Tip: Die rohen Kartoffelscheiben nach dem Schneiden gründlich mit kaltem Wasser waschen, damit die Kartoffelstärke abgespült wird. Dadurch werden die Gratins besonders aromatisch und knusprig.

Kartoffel-Quark-Auflauf

Für 6 Personen:

1,5 kg Kartoffeln
2 l Wasser, Salz
2 Bund Frühlingszwiebeln
500 g Sahnequark
2 Eier
3 Eigelb
Salz, weißer Pfeffer
3 EL Butter
125 ml süße Sahne

Die Kartoffeln schälen, waschen, vierteln und ca. 10 Minuten in Salzwasser kochen. Die Frühlingszwiebeln putzen, waschen und in Ringe schneiden.

Den Quark mit den Eiern und den Eigelben verrühren, mit Salz und frisch gemahlenem Pfeffer abschmecken. Eine flache Auflaufform mit 1 Eßlöffel Butter einfetten und die Hälfte der Kartoffeln und Frühlingszwiebeln, abwechselnd mit der Quarkmasse einschichten.

Die Sahne darüber gießen und die restliche Butter als Flöckchen darauf verteilen. Im vorgeheizten Backofen bei 220 Grad ca. 25 Minuten goldbraun backen.

(Abbildung oben)

Reis – schnell und appetitlich

Bunte Reispfanne

25 g getrocknete chinesische Pilze (Muerr)
500 ml Brühe
250 g Reis
3 Karotten
2 Bund Frühlingszwiebeln
1 rote und 1 grüne Paprikaschote
150 g Zuckererbsen
150 g Fenchel
150 g frische Champignons
100 g Butter
125 ml trockener Sherry
2 EL helle Sojasauce
Salz, weißer Pfeffer
1 Bund Petersilie
1 Spritzer Tabasco
gemahlener Piment

Die getrockneten Pilze ca. 30 Minuten in Wasser einweichen, dann nochmals waschen, abtropfen lassen und in grobe Stücke zerteilen.

Die Brühe mit dem Reis in einen Topf geben, aufkochen lassen und mit geschlossenem Deckel 20 Minuten ziehen lassen.

Inzwischen die Karotten schälen und in Scheiben schneiden. Die Frühlingszwiebeln putzen, waschen und in Ringe schneiden.

Die Paprikaschoten putzen, waschen, halbieren und entkernen, dann in Streifen schneiden. Die Zuckererbsenschoten putzen, waschen und abtropfen lassen. Den Fenchel putzen, waschen und in Streifen schneiden. Die Champignons putzen, wenn notwendig waschen und blättrig aufschneiden.

Die Butter in einer großen Pfanne erhitzen. Das Gemüse und die eingeweichten Pilze hineingeben, mit Sherry und Sojasauce aufgießen, 10 Minuten dünsten lassen. Mit Salz und frisch gemahlenem Pfeffer abschmecken.

Den Reis mit der Gabel etwas auflockern und unter das Gemüse rühren, nochmals erhitzen. Die Petersilie waschen und kleinschneiden und ebenfalls untermischen.

Das Gericht mit der Tabascosauce und dem Piment abschmecken.

Die Reispfanne mit kurzgebratenem Fleisch oder Geflügel servieren.

Kräuterreis mit Klößchen

500 ml Brühe
250 g Parboiled Reis
300 g tiefgefrorene Erbsen
1 Bund Basilikum
1 Bund Dill
1 Bund Estragon
20 g Kerbel
Salz, weißer Pfeffer

Die Brühe mit Reis und Erbsen in einen Topf geben, aufkochen und mit geschlossenem Deckel ca. 20 Minuten ziehen lassen.

In der Zwischenzeit die Kräuter waschen und kleinschneiden.

Den Reis mit einem Kochlöffel etwas auflockern, eventuell mit Salz und frisch gemahlenem Pfeffer abschmecken. Dann die Kräuter unterheben.

In eine vorgewärmte Schüssel füllen, die Klößchen (Rezept s. rechts), obenauf legen und mit Tomatensalat servieren.

(Abbildung oben)

Kalbsbrät-Klößchen

2 l Wasser
1 EL Salz, 1 Ei
2 EL Semmelbrösel
300 g Kalbsbrät
1 Bund Petersilie
Salz, schwarzer Pfeffer

In einem Topf das Salzwasser erhitzen. Für die Klößchen das Ei und die Semmelbrösel in eine Schüssel geben, dann das Kalbsbrät untermischen.

Die Petersilie waschen, kleinschneiden und ebenfalls zum Fleischteig geben. Mit Salz und frisch gemahlenem Pfeffer abschmecken.

Mit Hilfe von zwei Teelöffeln aus der Teigmasse kleine Klößchen formen und im nicht mehr kochenden Salzwasser 5 Minuten ziehen lassen.

Vollwertkost – gesund und bekömmlich

Vollkorn-Gemüseauflauf

Für 8 Personen:

250 g ganze Weizenkörner
250 g Lauch
250 g Karotten
1 kleiner Blumenkohl
2 Staudensellerie
500 ml Rinderfond
200 g Emmentaler
4 EL Butter
4 EL Weizen-Vollkornmehl
500 ml Milch
Salz
schwarzer Pfeffer
1 Bund Petersilie
1 EL Butter
50 g Vollkornbrösel

Die Weizenkörner am besten über Nacht einweichen. Das Wasser abgießen und in Salzwasser 30 Minuten garen, abtropfen lassen.

In der Zwischenzeit den Lauch putzen, in Ringe schneiden und waschen. Die Karotten schälen und in Scheiben schneiden. Den Blumenkohl waschen und in Röschen aufteilen. Den Staudensellerie waschen und in Streifen schneiden.

Den Rinderfond in einen Topf geben, erhitzen, und das Gemüse darin 15 Minuten garen. Dann herausnehmen und gut abtropfen lassen. Den Emmentaler reiben.

Die Butter in den Topf geben und mit dem Mehl eine Mehlschwitze rühren. Mit der Milch unter Rühren aufgießen; wenn die Schwitze kraus aussieht, nochmals aufkochen, bis die Sauce sämig wird.

Mit Salz und frisch gemahlenem Pfeffer abschmecken und zwei Drittel vom Käse einrühren. Die Petersilie waschen und kleinschneiden. Eine feuerfeste Form mit der Butter einfetten.

Das Gemüse mit Weizenkörnern, Käsesauce und Petersilie vermischen, dann in die Auflaufform füllen. Den restlichen Käse mit den Vollkornbröseln vermischen und über den Auflauf streuen.

Im vorgeheizten Backofen bei 200 Grad 30 Minuten goldbraun backen.

Pilzragout

2 Karotten
2 Staudensellerie
1 Bund Frühlingszwiebeln
3 EL Butter
400 g Egerlinge
100 g Steinpilze
Saft von 1 Zitrone
2 Fleischtomaten
250 g Vollkornnudeln
500 ml Wasser
1 Bund Petersilie
Salz, weißer Pfeffer
100 ml süße Sahne

Die Karotten schälen und in Scheiben schneiden. Den Staudensellerie putzen, waschen und in Streifen schneiden. Die Frühlingszwiebeln putzen, waschen und in Ringe schneiden.

Die Butter in einem Topf erhitzen, Karotten, Staudensellerie und Frühlingszwiebeln andünsten und im geschlossenen Topf 5 Minuten garen.

Die Egerlinge und die Steinpilze putzen, wenn nötig waschen, halbieren oder in grobe Stücke schneiden und mit der Zitrone beträufeln.

Die Tomaten kurz in kochendes Wasser tauchen, häuten, vierteln, entkernen, in grobe Stücke schneiden und mit den Pilzen zum Gemüse geben. 10 Minuten bei geringer Hitze weitergaren lassen.

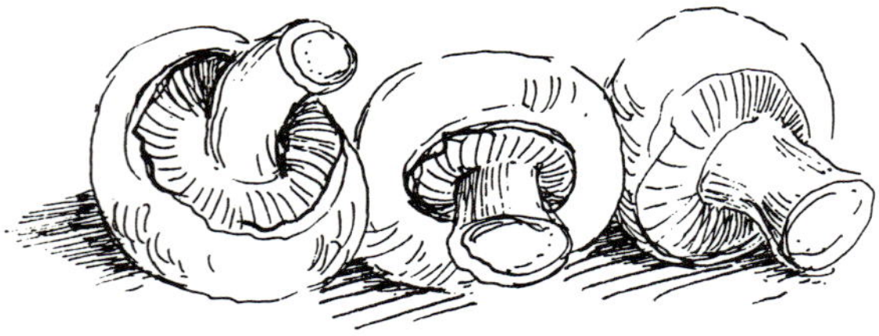

In der Zwischenzeit die Vollkornnudeln 12 Minuten kochen, abgießen und kalt abschrecken. Die Petersilie waschen und kleinhacken.

Das Gemüse mit Salz, frisch gemahlenem Pfeffer und der Petersilie abschmecken, die Sahne einrühren.

Die Nudeln unter das Ragout mischen und heiß servieren. *(Abbildung rechts)*

Gourmet-Sauerkraut-Gemüsetopf

200 g Karotten
200 g weiße Steckrüben
200 g Kürbis
200 g Lauch
2 EL Butter
250 ml Gemüsefond
1 EL Zucker
Salz, weißer Pfeffer
500 g Sauerkraut Mildessa Gourmet
100 ml Crème fraîche

Die Karotten, Rüben und Kürbis schälen und in kleine Stücke schneiden. Den Lauch putzen, in Ringe schneiden und waschen.

Die Butter in einem Topf erhitzen, und die Gemüse darin andünsten, mit dem Gemüsefond aufgießen und mit Zucker, Salz und frisch gemahlenem Pfeffer abschmecken, dann 12 Minuten garen.

Zum Schluß das Sauerkraut untermengen, nochmals 6 Minuten garen und die Crème fraîche unterrühren. Mit Kartoffelbrei servieren.

Vegetarisch – gut und kalorienarm

Lauchcreme-Eintopf mit Kartoffeln

500 g Lauch
500 g Kartoffeln
1 Zwiebel
4 EL Sonnenblumenöl
1 1/2 l Gemüsefond
200 ml Milch
2 Becher Sahne-Dickmilch
1 TL Zitronensaft
Salz, weißer Pfeffer
geriebene Muskatnuß
1 Bund Schnittlauch

Den Lauch putzen, in Ringe schneiden und waschen. Die Kartoffeln schälen und in Würfel schneiden. Die Zwiebel schälen und würfeln.

Das Öl in einem Topf erhitzen, Zwiebeln, Lauch und Kartoffeln darin andünsten, mit dem Gemüsefond aufgießen und 15 Minuten garen.

Mit dem Handrührgerät oder Mixstab pürieren, Milch, Dickmilch und Zitronensaft dazugeben. Mit Salz, frisch gemahlenem Pfeffer und Muskatnuß abschmecken, nochmals erhitzen.Den Schnittlauch waschen, in Röllchen schneiden, und den Lauchcreme-Eintopf damit bestreuen. Mit Petersilien-Kartoffeln servieren.

Maistopf süß-sauer

2 rote Paprikaschoten
1 Bund Frühlingszwiebeln
1 Knoblauchzehe
2 EL Erdnußöl
1 kleine Dose geschälte Tomaten
250 ml Gemüse Fond
4 EL Essig-Essenz 25 %
3 EL Zucker
2 EL trockener Sherry
3 Dosen Maiskörner
Salz, weißer Pfeffer

Die Paprikaschoten, waschen, halbieren, entkernen und in Streifen schneiden. Die Frühlingszwiebeln putzen, waschen und in Ringe schneiden. Die Knoblauchzehe schälen und durch die Presse drücken.

Das Öl in einer Pfanne erhitzen, die Paprikaschoten, Frühlingszwiebeln und Knoblauch darin andünsten. Die Tomaten grob hacken und mit der Flüssigkeit dazugeben. Mit dem Gemüsefond aufgießen, mit Essig-Essenz, Zucker und Sherry abschmecken, 10 Minuten garen lassen.

Die Maiskörner abtropfen lassen, zugeben und erhitzen. Mit Salz und Pfeffer abschmecken und mit Vollkornnudeln servieren. *(Abbildung links)*

Fleisch und Wurst

Winter-Eintopf

1,2 kg Eisbein
schwarzer Pfeffer
6 EL Schweineschmalz
4 Karotten
3 Stangen Lauch
2 große Kartoffeln
400 g Wirsing
2 große Zwiebeln
Salz, weißer Pfeffer
geriebener Majoran
250 ml Rinderfond
250 ml Weißwein

Die Schwarte vom Eisbein rautenförmig einschneiden und mit frisch gemahlenem Pfeffer rundum einreiben, zugedeckt 3 Stunden ziehen lassen.

Das Schweineschmalz in einen großen Topf geben und erhitzen, das Eisbein darin anbraten, 20 Minuten schmoren lassen und eventuell mit etwas Brühe aufgießen.

In der Zwischenzeit die Karotten schälen und in Scheiben schneiden. Den Lauch putzen, waschen und in Ringe schneiden. Die Kartoffeln schälen und würfeln, den Wirsing putzen, waschen und in Streifen schneiden. Die Zwiebeln schälen und klein würfeln. Das Eisbein aus dem Topf nehmen, und die Zwiebeln im Fett andünsten. Das Gemüse zugeben und unter Rühren ebenfalls andünsten. Mit Salz, frisch gemahlenem Pfeffer und Majoran abschmecken.

Mit dem Rinderfond und dem Weißwein aufgießen. Dann das Eisbein mit der Schwarte nach oben darauf legen und noch ca. 35 Minuten garen lassen.

Das Fleisch in flache Scheiben schneiden und auf dem Gemüse anrichten.

(Abbildung rechts)

Rotkraut-Eintopf

Für 6 Personen:

750 g Schweinenacken
2 EL Pflanzenöl
Salz, schwarzer Pfeffer
500 g Kartoffeln
1 kg Rotkraut
2 Äpfel (Boskop)
Salz, schwarzer Pfeffer
1 EL Zucker
1/2 TL gemahlene Nelken
500 ml Rinderfond
1 Bund Petersilie

Das Schweinefleisch waschen, trockentupfen und in Würfel schneiden. Das Öl in einem Topf erhitzen, und die Fleischwürfel darin anbraten. Mit Salz und frisch gemahlenem Pfeffer abschmecken. Die Kartoffeln

Weingut

schälen und in Würfel schneiden. Das Rotkraut putzen, waschen, halbieren, den Strunk entfernen und in Streifen hobeln. Die Äpfel schälen, vierteln, Kerngehäuse entfernen und in Stücke schneiden.

Die Fleischwürfel abwechselnd mit Kartoffeln, Rotkraut und Apfelwürfeln in eine feuerfeste Form schichten. Zwischendurch mit Salz, frisch gemahlenem Pfeffer, Zukker und gemahlenen Nelken würzen.

Mit dem Rinderfond aufgießen und zugedeckt im vorgeheizten Backofen bei 220 Grad ca. 120 Minuten garen lassen.

Die Petersilie waschen, kleinschneiden und den Auflauf vor dem Servieren damit bestreuen.

Südlicher Eintopf

Für 6 Personen:

1 kg Kalbfleisch
1 Zwiebel
2 Knoblauchzehen
1 rote Paprikaschote
250 g Broccoli
250 g Staudensellerie
250 g Zucchini
4 EL Olivenöl
500 ml Gemüsefond
250 ml Weißwein
Salz, weißer Pfeffer
1 Bund Basilikum
2 Salbeiblätter
1 Thymianzweig
50 g Parmesan

Das Fleisch waschen, trockentupfen und in Würfel schneiden. Die Zwiebel und die Knoblauchzehen schälen, fein würfeln bzw. durch die Presse drücken.

Die Paprikaschote waschen, halbieren, entkernen und in Streifen schneiden. Den Broccoli in Röschen zerteilen, waschen und abtropfen lassen. Den Staudensellerie putzen, waschen und in Streifen schneiden. Die Zucchini waschen und in Ringe schneiden.

Das Öl in einem Topf erhitzen, den Knoblauch und die Zwiebel mit dem Fleisch anbraten. Das Gemüse zugeben, mit dem Gemüsefond und dem Wein aufgießen, dann 25 Minuten kochen lassen.

Mit Salz und frisch gemahlenem Pfeffer abschmecken. Das Basilikum, die Salbeiblätter und den Thymian waschen und kleinschneiden.

Auf jede Portion Kräuter und Parmesan streuen und heiß servieren.

Spargelpfanne mit Kalbfleisch

500 g Kalbslende
1 Bund Frühlingszwiebeln
2 EL Butter
1 TL Mehl
125 ml Kalbfond
125 ml Weißwein
500 g Spargel
250 g Champignons
Salz, weißer Pfeffer
1 Eigelb
200 ml Kräuter Crème fraîche
1 Bund gemischte Kräuter

Das Fleisch waschen, trockentupfen und in Streifen schneiden. Die Frühlingszwiebeln putzen, waschen und in 3 cm große Stücke schneiden. Die Butter in einer Pfanne erhitzen, und das Fleisch mit den Frühlingszwiebeln darin anbraten. Das Mehl darüber stäuben und mit dem Kalbfond und Weißwein aufgießen.

Den Spargel schälen, die Enden abschneiden, in 3 cm große Stücke zerteilen, zum Fleisch geben und alles 25 Minuten garen.

Die Champignons putzen, wenn nötig waschen, blättrig aufschneiden und die letzten 5 Minuten mitgaren. Mit Salz und frisch gemahlenem Pfeffer abschmecken.

Das Eigelb mit der Crème fraîche verrühren und untermischen. Die Kräuter waschen, kleinschneiden und zum Schluß zugeben. Mit Spinatnudeln servieren.

(Abbildung oben)

Leipziger Suppentopf mit Eier-Grießklößchen

1 kg Suppenfleisch vom Rind
1 Bund Suppengrün
1 1/2 l Wasser
Salz
200 g Karotten
200 g Kohlrabi
200 g Brechbohnen
200 g Lauch
200 g Sellerieknolle
2 Tomaten
Außerdem:
4 Eier
1 Bund Petersilie

Das Fleisch waschen und mit dem geputzten, gewaschenen Suppengrün in das kochende Salzwasser einlegen. 120 – 150 Minuten garen lassen.

In der Zwischenzeit die Karotten und Kohlrabi schälen und in Scheiben bzw. in Streifen schneiden. Die Bohnen waschen, putzen und brechen. Den Lauch putzen, waschen und in Ringe schneiden. Den Sellerie schälen und würfeln. 10 Minuten vor Ende der Garzeit das Gemüse zugeben und mitgaren.

Die Tomaten kurz in kochendes Wasser tauchen, häuten, vierteln, entkernen, in grobe Stücke schneiden und 5 Minuten vor Ende der Garzeit in den Topf geben.

In der Zwischenzeit die Klößchen – Rezept s. rechts – zubereiten. Die Eier 10 Minuten hart kochen, abschrecken, schälen und kleinhacken.

Das Suppenfleisch herausnehmen und in Würfel schneiden, dann mit den Grießklößchen wieder in die Suppe geben.

Die Petersilie waschen und kleinschneiden und mit den gehackten Eiern über die Suppe streuen. Heiß servieren.

Eier-Grießklößchen

1 l Milch
Salz
200 g Grieß
4 Eier
geriebene Muskatnuß
2 l Salzwasser

Die Milch mit dem Salz in einen Topf geben und zum Kochen bringen.

Den Grieß unter Rühren einlaufen lassen, den Topf vom Herd nehmen, quellen und abkühlen lassen. Die Eier unterrühren und mit der Muskatnuß abschmecken.

Das Salzwasser zum Kochen bringen, mit zwei Teelöffeln kleine Klößchen formen und im leicht kochenden Wasser 5 Minuten gar ziehen lassen.

(Abbildung rechts)

Wild und Geflügel

Rehragout mit Pflaumen

150 g durchwachsener Speck
1 kg Rehgulasch
6 Schalotten
2 Knoblauchzehen
1 Karotte
1/4 Sellerieknolle
1 Stange Lauch
250 g getrocknete, entsteinte Pflaumen
2 Thymianzweige
1 Lavendelzweig
1 Lorbeerblatt
4 Wacholderbeeren
2 Nelken
Salz, schwarzer Pfeffer
500 ml Rotwein
250 ml Wildfond
125 ml Rotweinessig
2 EL Mehl
3 EL Johannisbeergelee
1 EL Zucker
Salz
weißer Pfeffer
2 EL Tomatenmark
100 ml süße Sahne

Den Speck in Streifen schneiden und in einem Topf auslassen. Das Wildgulasch darin rundum anbraten.

Die Schalotten und die Knoblauchzehen schälen und in Scheiben schneiden, danach zum Fleisch geben und andünsten.

Die Karotte und den Sellerie schälen, dann in Stifte schneiden. Den Lauch putzen, waschen und in Ringe schneiden. Das Gemüse und die Pflaumen zum Gulasch geben und 20 Minuten mitdünsten.

Die Kräuter waschen und mit den Gewürzen zum Fleisch geben. Mit Rotwein, Wildfond und Essig aufgießen und 70 Minuten bei geringer Hitze schmoren lassen. Mit Mehl bestäuben und mit Johannisbeergelee, Zucker, Salz, frisch gemahlenem Pfeffer und Tomatenmark abschmecken.

Zum Schluß die Sahne unterrühren und mit Spätzle oder Salzkartoffeln servieren.

(Abbildung rechts)

Hasenragout

1 kg Hasenfleisch

Zutaten und Zubereitung wie »Rehragout mit Pflaumen«, statt des Rehfleisches Hasenfleisch verwenden.

Tip: Diese Ragouts schmecken auch mit getrockneten Aprikosen, statt der Pflaumen.

Lamm-Wirsing-Topf süß-sauer

500 g Lammfleisch
2 EL Olivenöl
2 Zwiebeln
Salz
schwarzer Pfeffer
Curry
125 ml Wasser
1 kg Wirsing
250 g Karotten
500 ml Lammfond
2 EL Essig-Essenz 25%
1 EL Zucker

Das Fleisch waschen, trockentupfen und in Würfel schneiden. Das Öl in einem Topf erhitzen, und das Fleisch darin anbraten. Die Zwiebeln schälen, würfeln und zum Fleisch geben.

Mit Salz, frisch gemahlenem Pfeffer und Curry abschmecken. Dann mit Wasser aufgießen und zugedeckt 20 Minuten garen.

In der Zwischenzeit den Wirsing und die Karotten putzen und waschen. Den Wirsing in Streifen und die Karotten in Scheiben schneiden. Das Gemüse zum Fleisch geben und 5 Minuten andünsten.

Mit dem Lammfond aufgießen und aufkochen. Mit Essig und Zucker abschmecken und nochmals 20 Minuten garen. Dazu passen Petersilienkartoffeln.

Tip: Den Lamm-Topf kann man auch mit Weißkohl zubereiten. Statt des Lammfonds kann man Fleischbrühe verwenden. Zubereitung wie oben beschrieben.

Weiße Bohnen mit Paprikaschoten

250 g weiße Bohnen
2 l Wasser
1 Zwiebel
600 g Knoblauchwurst
2 Zwiebeln
2 Knoblauchzehen
2 rote und 2 grüne Paprikaschoten
2 EL Schmalz
2 EL Mehl
1 l Rinderfond
1 Bund Thymian
Salz, schwarzer Pfeffer

Die Bohnen waschen, mit der geschälten und geviertelten Zwiebel in 2 l Wasser ca. 80 Minuten kochen, dann abgießen und beiseite stellen.

Die Wurst in Scheiben schneiden. Die Zwiebeln und den Knoblauch schälen und würfeln. Die Paprikaschoten waschen, halbieren, entkernen und in Streifen schneiden.

Das Schmalz in einem Topf zerlassen, Wurst, Zwiebeln und Knoblauch zugeben und 5 Minuten dünsten.

Die Bohnen und Paprikaschoten zugeben, dann mit Mehl bestäuben. Mit Rinderfond aufgießen und 10 Minuten kochen lassen.

Den Thymian waschen, kleinschneiden und zugeben. Mit Salz und frisch gemahlenem Pfeffer abschmecken.

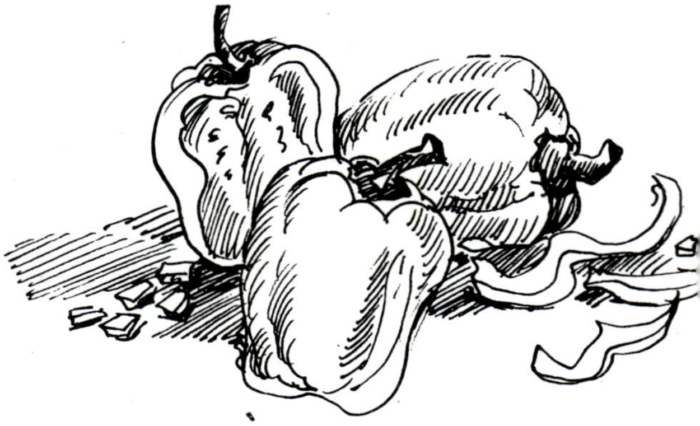

Bohnen-Eintopf

500 g frische grüne Bohnen
500 g Wachsbohnen
100 g durchwachsener Speck
1 Zwiebel
1 Knoblauchzehe
1 l Gemüsefond
Salz
1/2 TL getrockneter Thymian
1/2 TL getrocknetes Bohnenkraut
500 g Debrecziner
100 ml Crème fraîche

Die grünen Bohnen und die Wachsbohnen putzen, waschen und eventuell brechen. Den Speck in Würfel schneiden. Die Zwiebel und den Knoblauch schälen, beides klein würfeln. Die Speckwürfel in einen Schnellkochtopf geben und anbraten. Die Zwiebeln und den Knoblauch zugeben, dann glasig dünsten.

Die Bohnen mit der Gemüsebrühe dazugeben, mit Salz und Thymian würzen und im geschlossenen Topf 8 Minuten garen.

Das Bohnenkraut zugeben und im geschlossenen Topf noch weitere 5 Minuten garen. Die Debrecziner in Stücke schneiden, zum Eintopf geben und erhitzen.

Auf jede Portion einen Eßlöffel Crème fraîche geben. *(Abbildung oben)*

Rindfleischtopf mit Eiernudeln

Für die Suppe:

1,5 kg Rindfleisch

2 l Salzwasser

1 Lorbeerblatt, 4 Nelken

4 Pfefferkörner

Außerdem:

2 Zwiebeln, 2 Karotten

1/2 Sellerieknolle

1/2 Wirsing

1 Stange Lauch

1 Blumenkohl

4 Tomaten

200 g Eiernudeln

Zum Garnieren:

Kerbelblättchen

Das Suppenfleisch kalt waschen, mit den Gewürzen in das kochende Salzwasser geben und 60 Minuten leise kochen lassen.

In der Zwischenzeit die Zwiebeln, Karotten und den Sellerie schälen, dann in Würfel bzw. Scheiben schneiden. Den Wirsing und den Lauch putzen, waschen und in Streifen schneiden. Den Blumenkohl waschen und in Röschen aufteilen.

Die Tomaten kurz in kochendes Wasser tauchen, häuten, vierteln, entkernen und in grobe Stücke teilen.

Das Gemüse, außer den Tomaten, 20 Minuten vor Ende der Garzeit, die Nudeln 10 Minuten und die Tomaten 5 Minuten vorher zugeben und fertiggaren lassen.

Den Kerbel waschen, abtropfen lassen und vor dem Servieren über die Suppe streuen.

Lammpfanne mit Erbsen

100 g Frühstücksspeck

1 EL Olivenöl

500 g Lammfleisch

1 Zwiebel

1 Knoblauchzehe

1 Paprikaschote

Salz

schwarzer Pfeffer

Majoran

1 l Lammfond

250 g Langkornreis

1 großer Apfel

1 große Dose Erbsen

4 Eigelb

Den Speck in dünne Streifen schneiden. Das Öl in einem Topf erhitzen und den Speck darin ausbraten lassen. Das Fleisch waschen, trockentupfen und in Würfel schneiden. Die Zwiebel und den Knoblauch schälen und würfeln bzw. durch die Presse drücken.

Die Paprikaschote waschen, halbieren, entkernen und in Streifen schneiden. Fleisch, Zwiebeln, Knoblauch und Paprikaschoten in den Topf zum Speck geben und anbraten.

Mit Salz, frisch gemahlenem Pfeffer und Majoran abschmecken. Mit dem Lammfond aufgießen, den Reis zugeben, aufkochen und dann 15 Minuten garen lassen.

Den Apfel schälen, vierteln, entkernen und in Stücke schneiden. Die Erbsen abtropfen lassen und mit den Äpfeln zum Reis geben, weitere 5 Minuten quellen lassen.

Die Lammpfanne auf 4 Teller verteilen, in jede Portion eine Vertiefung drücken und je ein Eigelb hineingeben. Mit einer Schüssel grünem Salat servieren.

Lamm-Kasserolle

750 g Lammschulter
3 EL Butter
2 Zwiebeln
2 Knoblauchzehen
1 EL Curry, Salz
schwarzer Pfeffer
1/2 TL Paprika edelsüß
750 ml Lammfond
250 g Kartoffeln
500 g Fleischtomaten
1 Bund Frühlingszwiebeln
250 g Cocktailtomaten

Das Fleisch waschen, trockentupfen und in kleine Würfel schneiden.

Die Butter in einem breiten Topf erhitzen, und das Fleisch portionsweise darin anbraten. Die Zwiebeln und Knoblauchzehen schälen, würfeln bzw. durch die Presse drücken. Beides zum Fleisch geben und andünsten. Mit den Gewürzen abschmecken und 5 Minuten dünsten. Mit dem Lammfond aufgießen und 40 Minuten leicht kochen lassen.

In der Zwischenzeit die Kartoffeln schälen. Die Tomaten kurz in kochendes Wasser tauchen, schälen, vierteln, entkernen und in grobe Stücke schneiden. Die Kartoffeln nach 20 Minuten, die Tomaten 10 Minuten vor Ende der Garzeit zugeben.

Die Frühlingszwiebeln putzen, waschen, in Ringe schneiden und 5 Minuten vor Ender der Garzeit zum Lamm geben. Die Cocktailtomaten überbrühen, häuten und kurz vor dem Servieren unter den Eintopf heben. Mit Kräuterreis servieren.

(Abbildung oben)

Wilderer-Topf

150 g durchwachsener Speck
1 kg Wildgulasch (Reh, Hase, Hirsch)
1 Zwiebel
2 Knoblauchzehen
2 Karotten
1/4 Sellerieknolle
1 Stange Lauch
2 Thymianzweige
1 Lavendelzweig
1 Lorbeerblatt
4 Wacholderbeeren
Salz, schwarzer Pfeffer
250 ml Rotwein
750 ml Wildfond
150 g geschälte rote Linsen
175 g Bauernspätzle
4 cl Sherry Medium
1 EL Rotweinessig
1 TL Zucker
2 EL Tomatenmark
100 ml Crème fraîche

Den Speck in Streifen schneiden und in einem Topf auslassen. Das Wildgulasch darin rundum anbraten. Die Zwiebel und die Knoblauchzehen schälen und in Scheiben schneiden, zum Fleisch geben und andünsten.

Die Karotten und den Sellerie schälen und in Stifte schneiden. Den Lauch putzen, waschen und in Ringe schneiden. Das Gemüse zum Gulasch geben und 10 Minuten mitdünsten.

Die Kräuter waschen und mit den Gewürzen zum Fleisch geben. Mit Rotwein und dem Wildfond aufgießen und 60 Minuten bei geringer Hitze schmoren lassen.

Die Linsen und die Spätzle zugeben, eventuell noch etwas Wildfond dazutun und 20 Minuten weiterkochen lassen.

Mit Sherry, Essig, Zucker, Salz, frisch gemahlenem Pfeffer und Tomatenmark abschmecken.

Zum Schluß die Crème fraîche unterrühren und den Wilderer-Topf heiß servieren.

Madras-Hühnerfrikassee

1 Hähnchen 1,2 kg
Salz, Pfeffer
500 ml Geflügelfond
2 Staudensellerie
1 Zwiebel
3 EL Butter
30 g Mehl
2 EL Madras-Curry
1/2 TL gemahlener Kreuzkümmel
50 g gehackte Mandeln
50 g Rosinen
100 ml Crème fraîche

Das Hähnchen waschen, trockentupfen und portionieren. Mit Salz und Pfeffer einreiben und im geschlossenen Topf mit dem Geflügelfond 30 Minuten garen. Aus dem Topf nehmen, häuten, entbeinen und in mundgerechte Stücke teilen. Die Brühe durch ein Sieb gießen, beiseite stellen.

Den Staudensellerie putzen, waschen und in Ringe schneiden. Die Zwiebel schälen und würfeln.

Die Butter in einem Topf erhitzen, die Zwiebeln anbraten, den Sellerie zugeben und 5 Minuten dünsten. Mit dem Fond aufgießen und das Fleisch zugeben.

Etwas vom Fond entnehmen, das Mehl darin anrühren, die Gewürze zum Frikassee in den Topf geben und aufkochen, Mandeln und Rosinen zugeben. Zum Schluß die Crème fraîche unterrühren. Mit Reis und Salaten servieren.

Hühner-Eintopf mit Nudeln

1 Suppenhuhn
2 l Wasser, Salz
1 Bund Suppengrün
250 g Zwiebeln
4 EL Butter
2 grüne und 2 rote Paprikaschoten
4 Zucchini
1 Bund Kräuter der Provence
Salz
schwarzer Pfeffer
1 TL Paprika, edelsüß
125 g Eiernudeln
250 g Gemüsetomaten
100 ml Crème fraîche

Das Suppenhuhn waschen und trockentupfen. Das Salzwasser mit dem Suppenhuhn zum Kochen bringen und im geschlossenen Topf 90 Minuten kochen.

In der Zwischenzeit das Suppengrün putzen, waschen und nach Hälfte der Garzeit zugeben. Die Zwiebeln schälen, würfeln und die Butter in einem Topf erhitzen. Die Zwiebeln glasig dünsten.

Die Paprikaschoten waschen, halbieren, entkernen und in Streifen schneiden. Die Zucchini waschen und in Scheiben schneiden. Zucchini und Paprikaschoten zu den Zwiebeln geben und kurz mitdünsten lassen.

Die Kräuter waschen und kleinschneiden. Das Gemüse mit den Kräutern, Salz, dem frisch gemahlenen Pfeffer und Paprika würzen. 10 Minuten vor Ende der Garzeit das Gemüse und die Nudeln zugeben und garen.

Die Tomaten kurz in kochendes Wasser tauchen, häuten, vierteln, entkernen, in Stücke schneiden und zum Eintopf geben.

Das Huhn herausnehmen, das Fleisch von den Knochen entfernen, in Würfel schneiden, zurückgeben und mit der Crème fraîche abschmecken.

Hühner-Reis-Topf

150 g Vollkornreis

Zutaten und Zubereitung wie »Hühner-Eintopf mit Nudeln«, statt der Nudeln 150 g Vollkornreis verwenden, diesen 20 Minuten vor Ende der Garzeit zugeben.

Hühnertopf mit Tomaten

1 Poularde 1,2 kg
Für die Marinade:
2 Knoblauchzehen
4 EL dunkle Sojasauce
2 EL trockener Sherry
1 EL Honig
Außerdem:
3 EL Pflanzenöl
500 g Gemüsetomaten
Salz
schwarzer Pfeffer
Zum Garnieren:
10 g Kerbel

Die Poularde unter fließendem Wasser kurz abwaschen, trockentupfen und portionieren.

Für die Marinade die Knoblauchzehen schälen, kleinhacken, mit der Sojasauce, Sherry und Honig in eine Schüssel geben, dann zu einer Sauce verrühren. Die Poulardenteile in diese Marinade legen und zugedeckt 1 Stunde kalt stellen, hin und wieder wenden.

Das Öl in einer Pfanne erhitzen und das Fleisch ohne Marinade unter Rühren 2 Minuten scharf anbraten.

Die Tomaten kurz in kochendes Wasser legen, häuten, vierteln, entkernen und in kleine Stücke schneiden. Mit der Marinade zum Fleisch geben und 10 Minuten dünsten.

Mit Salz und frisch gemahlenem Pfeffer abschmecken. Zum Schluß den Kerbel waschen, eventuell kleinhacken.

Das Gericht auf eine vorgewärmte Platte legen, mit den Kerbelblättchen bestreuen und mit Reis servieren.

Hähnchen-Lauch-Pilz-Topf

25 g getrocknete Steinpilze
1 Hähnchen 1,2 kg
Salz, weißer Pfeffer
4 EL Butter
250 ml trockener Riesling
4 Schalotten, 250 g Lauch
1/2 Bund Majoran
Salz, weißer Pfeffer

Die Steinpilze 30 Minuten in lauwarmem Wasser einweichen, dann abtropfen lassen und eventuell kleinschneiden.

Das Hähnchen waschen, trockentupfen und portionieren. Die Teile mit Salz und frisch gemahlenem Pfeffer einreiben. Die Butter in einem Topf zerlassen und die Geflügelteile rundum anbraten. Den Riesling zugeben und die Teile 25 Minuten zugedeckt bei mäßiger Hitze schmoren lassen.

Die Schalotten schälen und fein hacken. Den Lauch putzen, waschen und in Ringe schneiden. Schalotten, Steinpilze und Lauch in den Topf geben, dann andünsten und 5 Minuten schmoren lassen.

Den Majoran waschen, kleinschneiden und untermischen, nochmals mit Salz und frisch gemahlenem Pfeffer abschmecken.

Das Hähnchen in der Sauce mit Kartoffelpüree servieren.

Hühnerleber mit Frühlingszwiebeln

600 g Hühnerleber
Für die Marinade:
1 Prise Salz
1 EL Zucker
2 EL helle Sojasauce
2 EL Worcestersauce
1 EL trockener Sherry
Außerdem:
2 Bund Frühlingszwiebeln
6 EL Sesamöl
Für die Sauce:
125 ml Gemüsefond
2 EL Speisestärke
2 EL helle Sojasauce
1 EL trockener Sherry
1 Prise Salz
schwarzer Pfeffer

Die Leber unter fließendem Wasser kurz abwaschen und trockentupfen. Mit einem scharfen Messer häuten und in Stücke schneiden.

Für die Marinade das Salz, den Zucker, die Soja- und die Worcestersauce mit dem Sherry in eine Schüssel geben, zu einer Marinade verrühren. Die Leber einlegen und zugedeckt 1 Stunde kalt stellen, hin und wieder wenden.

Die Frühlingszwiebeln putzen, waschen und in schräge 5 cm lange Stücke teilen. Das Öl in einer Pfanne erhitzen, und die Frühlingszwiebeln unter Rühren 2 Minuten anbraten, die Leber ohne Marinade zugeben und 5 Minuten dünsten.

Den Fond und die Marinade zugeben und aufkochen lassen. Die Speisestärke mit Sojasauce und Sherry verrühren, dann zur Leber geben, unter Rühren aufkochen lassen, bis die Sauce sämig wird. Mit Salz und frisch gemahlenem Pfeffer abschmecken.

Das Gericht auf einer vorgewärmten, tiefen Platte anrichten und mit Kartoffelpüree servieren.

Hähnchen in Rieslingsauce

1 Hähnchen 1,2 kg
Salz, weißer Pfeffer
4 EL Butter
250 ml trockener Riesling
4 Schalotten
250 g Champignons
250 g weiße Weintrauben
1/2 Bund Estragon
Salz, weißer Pfeffer

Das Hähnchen waschen, trockentupfen und portionieren. Die Teile mit Salz und frisch gemahlenem Pfeffer einreiben. Die Butter in einem Topf zerlassen, und die Geflügelteile rundum anbraten. Den Riesling zugeben und die Teile 25 Minuten zugedeckt bei mäßiger Hitze schmoren lassen.

Die Schalotten schälen und fein hacken. Die Champignons putzen, wenn nötig waschen, und blättrig aufschneiden. Die Trauben waschen, abtropfen lassen und von den Stielen zupfen. Schalotten, Champignons und Trauben in den Topf geben, dann andünsten und 5 Minuten schmoren lassen.

Den Estragon waschen, kleinschneiden und untermischen, nochmals mit Salz und frisch gemahlenem Pfeffer abschmecken.

Das Hähnchen in der Sauce mit gratinierten Kartoffeln servieren.

(Abbildung oben)

Tip: Noch delikater werden die Hähnchenteile, wenn man sie vor der Zubereitung enthäutet, sie sollten dann vorsichtig angebraten werden, damit sie nicht zerfallen.

Gratiniertes Hähnchen

1 fertiggegrilltes Hähnchen
1 EL Butter
150 g tiefgefrorene Erbsen
1 Kräuter-Frischkäse
2 Eier
100 ml Crème fraîche

Das Hähnchen häuten, entbeinen und in kleine Stücke schneiden. Eine feuerfeste Form mit der Butter einfetten, und die Hähnchenstücke mit den Erbsen einfüllen.

Den Kräuterkäse mit den Eiern und der Crème fraîche verrühren, über das Gratin gießen und im vorgeheizten Backofen bei 220 Grad ca. 20 Minuten überbacken. Dazu paßt Weißbrot und ein Tomatensalat.

Hähnchenbrust in Orangensauce

8 Hähnchenbrüste
Salz, weißer Pfeffer
1 EL Zitronensaft
4 EL Butter
250 ml Geflügelfond
4 EL Orangensaft
1 TL Zucker
2 Schalotten
2 Knoblauchzehen
500 g Zucchini
3 Orangen
125 ml Weißwein

Die Hähnchenbrüste waschen, trockentupfen und vom Knochen lösen. Die Brüste mit Salz, frisch gemahlenem Pfeffer und Zitronensaft einreiben. Die Butter in einem Topf zerlassen, und die Hähnchenbrüste rundum anbraten.

Den Geflügelfond, Orangensaft und Zucker zugeben, dann 15 Minuten zugedeckt bei mäßiger Hitze schmoren lassen.

Die Schalotten und Knoblauchzehen schälen, dann fein hacken. Die Zucchini waschen und in Scheiben schneiden. Schalotten, Knoblauch und Zucchini dazugeben und 10 Minuten mitdünsten.

Die Orangen mit einem scharfen Messer bis aufs Fleisch schälen, es darf keine weiße Haut mehr daran sein, dann in Scheiben schneiden. Die Orangen mit dem Weißwein zugeben und nochmals 5 Minuten garen.

Die Hähnchenbrust auf den Orangen- und Zucchinischeiben anrichten, die Sauce dazu reichen und mit Wildreis servieren.

Tip: Dieses Rezept läßt sich sehr gut mit zarter Entenbrust abwandeln.

Putenleber mit Basilikum

1 kg Putenleber
2 EL Mehl
1 EL Butter
2 Zwiebeln
125 ml Weißwein
250 ml Geflügelfond
250 ml Crème fraîche
Salz
weißer Pfeffer
1 TL Zitronensaft
1 TL Zucker
1 Bund Basilikum

Die Leber kalt waschen, trockentupfen, in mundgerechte Stücke schneiden, im Mehl wenden. Die Butter in einer Pfanne erhitzen, und die Leber von beiden Seiten anbraten. Zugedeckt 10 Minuten dünsten, herausheben und warm stellen.

Die Zwiebeln schälen, in Ringe schneiden und im Bratfett glasig dünsten. Mit Wein und Fond aufgießen, dann bei mittlerer Hitze einkochen lassen. Die Crème fraîche einrühren, mit Salz, frisch gemahlenem Pfeffer, Zitronensaft und Zucker abschmecken. Nochmals einen Teil Flüssigkeit verkochen lassen.

Die Leber in die Sauce zurücklegen. Das Basilikum waschen, in einzelne Blättchen zupfen, und einen Teil unter die Leber rühren, den Rest darüber streuen.

Fische und Meeresfrüchte

Grüne Lachs-Bandnudeln

200 g Schalotten
1 TL Korianderkörner
50 g Petersilienwurzel
200 g Lauch
Salz
1 Bund Dill
2 l Wasser
4 Zitronenscheiben
4 Scheiben Lachs (800 g)
500 g grüne Bandnudeln
3 l Wasser
Salz, Öl
150 g kalte Butter
250 ml Fischfond
250 ml süße Sahne
2 EL trockener Sherry

Die Schalotten schälen und würfeln. Den Koriander zerstoßen. Die Petersilienwurzel schälen und in Stücke schneiden. Den Lauch putzen, waschen und in Ringe schneiden. Den Dill waschen und hacken.

2 l Wasser mit den Korianderkörnern, Petersilienwurzel, Lauch, Dill, Salz und Zitronenscheiben zum Kochen bringen. Den Lachs vorsichtig einlegen und 8 Minuten ziehen lassen.

Die Nudeln ins kochende Salzwasser geben, Öl zufügen und 10 Minuten »al dente« kochen, abgießen und warm stellen.

50 g Butter in einer Pfanne erhitzen, und die Schalotten glasig dünsten. Mit Fischfond und Sahne aufgießen und einkochen lassen, bis die Sauce leicht sämig wird.

Den Lachs von Haut und Gräten befreien und in grobe Stücke zerpflücken. Die restliche Butter in Flöckchen mit einem Schneebesen unter die Sauce schlagen und mit dem Sherry abschmecken.

Die Nudeln auf 4 Teller anrichten, den Lachs darauf legen und die Sauce darüberlöffeln.

Fisch-Frikassee

8 kleine Schollenfilets
1 EL Zitronensaft, Salz
125 g Lachsschinken
1 säuerlicher Apfel
500 ml Fischfond
50 g Butter
3 EL Mehl
100 ml süße Sahne
1 EL Kapern
1 EL geriebener Emmentaler
1 kleine Dose Spargelstücke
1 EL Zitronensaft
Zucker, Salz
weißer Pfeffer
Zum Garnieren:
1 Bund Dill

Die Schollenfilets waschen, trockentupfen, in mundgerechte Stücke teilen, mit Zitronensaft und Salz einreiben. Den Schinken in feine Streifen schneiden. Den Apfel schälen, vierteln Kerngehäuse entfernen und in Stücke schneiden.

Die Butter in einem Topf erhitzen, den Schinken auslassen, die Apfelstücke zugeben und 2 Minuten dünsten. Mit dem Fischfond aufgießen. Das Mehl mit der Sahne verrühren und in den Fischfond einrühren, aufkochen lassen, bis die Sauce sämig wird.

Den Fisch, die Kapern, den Käse und den abgetropften Spargel zugeben und 5 Minuten leicht kochen lassen, mit Zitronensaft, Zucker, Salz und frisch gemahlenem Pfeffer abschmecken.

Den Dill waschen, kleinhacken und über das Frikassee streuen, mit Reis oder Nudeln servieren.

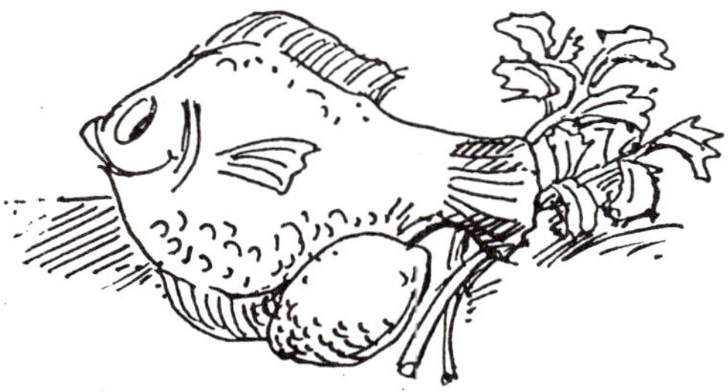

Fischsuppe Marseiller Art

Für 8 Personen:
Für den Fischsud:
2 l Wasser, 1 TL Salz
2 Lorbeerblätter
1 TL Thymian
1 TL schwarze Pfefferkörner
1 kg Fischabfälle wie Köpfe, Gräten, Schwänze
1 kg Miesmuscheln
1 Bund Suppengrün
Für den Gemüsefond:
1 Stange Lauch
2 Karotten, 2 Zwiebeln
1 rote und 1 grüne Paprikaschote
3 Tomaten
125 ml Olivenöl
250 ml Weißwein
1 Dose Safranfäden
Salz, weißer Pfeffer
Für die Suppe:
500 g Seefisch wie z.B. Schellfisch, Rotbarbe, Merlan usw.
500 g Garnelen
500 g Tintenfische
2 EL helle Sojasauce
125 ml Weißwein
2 EL Zitronensaft
Salz, weißer Pfeffer

Für den Fischsud das Wasser mit dem Salz zum Kochen aufstellen und die Gewürze zugeben. In der Zwischenzeit die Fischabfälle, die Garnelenköpfe und die Miesmuscheln unter kaltem Wasser waschen. Bei den Muscheln die Bärte entfernen und geöffnete aussortieren, wegwerfen. Das Suppengrün putzen, waschen, mit den Fischabfällen und den Garnelenköpfen ins kochende Wasser geben, 60 Minuten sieden lassen. Die letzten 15 Minuten die Miesmuscheln zugeben, dann herausnehmen und beiseite stellen, die geschlossenen Muscheln wegwerfen.

Für den Gemüsefond den Lauch putzen, waschen und in Ringe schneiden. Die Karotten und die Zwiebeln schälen. Die Karotten in Scheiben schneiden und die Zwiebeln würfeln. Die Paprikaschoten waschen, halbieren, entkernen und in Streifen schneiden. Die Tomaten kurz in kochendes Was-

ser tauchen, häuten, vierteln, entkernen und in grobe Stücke teilen.

Das Olivenöl in einem großen Topf erhitzen, die Gemüse, außer den Tomaten, darin andünsten, mit dem Wein aufgießen und mit Salz und frisch gemahlenem Pfeffer abschmecken. Den Fond 5 Minuten kochen lassen.

Den Fisch, die Garnelen und die Tintenfische waschen, trockentupfen, den Fisch in nicht zu kleine Stücke und den Tintenfisch in Ringe scheiden.

Für die Fischsuppe den Sud durch ein Sieb in einen großen Topf gießen, den Gemüsefond zugeben und aufkochen lassen. Die Tintenfischringe und die Garnelenschwänze in die Brühe geben, dann 10 Minuten kochen lassen.

Die Miesmuscheln, die Fischstücke, die Tomaten und den Safran zugeben, 10 Minuten leicht köcheln lassen. Mit Sojasauce, Wein, Zitronensaft, Salz und frisch gemahlenem Pfeffer abschmecken.

In eine vorgewärmte Terrine umfüllen, die Garnelenschwänze, Muscheln, Fisch und Gemüse hübsch arrangieren und heiß mit Stangenweißbrot und Knoblauchsauce servieren. *(Abbildung oben)*

Knoblauchsauce (Aioli)

4 Eigelb
6 Knoblauchzehen oder Knoblauch-Paste
75 ml Olivenöl
1 TL Zitronensaft, Salz
Cayennepfeffer

Die Eigelbe mit dem Handrührgerät gut aufschlagen. Die Knoblauchzehen schälen und durch die Presse drücken; zu den Eigelben geben und das Öl erst tropfenweise, dann mit dünnem Strahl einrühren, bis eine sämige Sauce entsteht.

Mit Zitronensaft, Salz und Cayennepfeffer abschmecken, nochmals aufschlagen.

Fisch-Cassoulet

3 Schalotten
400 g Spinat
200 g Champignons
3 EL Butter
8 Seezungenfilets
1 EL Zitronensaft
Salz
8 gekochte Hummerkrabben
250 ml Weißwein
100 ml Sherry
100 g kalte Butter
Zum Garnieren:
10 g Kerbel

Die Schalotten schälen und klein würfeln. Den Spinat verlesen, waschen und abtropfen lassen. Die Champignons putzen, wenn nötig waschen, und blättrig aufschneiden.

Einen Teil der Butter in eine große Pfanne geben, die Schalotten andünsten, Champignons und Spinat zugeben und 2 Minuten weiterköcheln lassen.

Die Seezungenfilets waschen, trockentupfen, in 3 cm große Stücke schneiden, mit der Zitrone und dem Salz einreiben.

Für den Fisch den Rest der Butter in einem Topf erhitzen, den Fisch und die Krabben darin anbraten. Mit Wein aufgießen, dann 5 Minuten dünsten lassen. Den Fisch und die Krabben herausnehmen und warm stellen.

Die Sauce mit Salz, frisch gemahlenem Pfeffer und dem Sherry abschmecken, dann die kalte Butter in Flöckchen zugeben und aufschlagen. Den Kerbel verlesen und waschen. Den Spinat mit den Champignons auf 4 Teller verteilen. Den Fisch und die Krabben darauf legen.

Die Sauce darüber gießen, mit Kerbel bestreuen und sofort servieren.

(Abbildung oben)

Soufflé – apart und raffiniert

Kartoffel-Kräuter-Soufflé

500 g Kartoffeln
2 l Wasser, Salz
2 EL Butter
Salz, weißer Pfeffer
geriebene Muskatnuß
200 ml süße Sahne
100 g gekochten Schinken
50 g Mehl
1 Bund gemischte Kräuter
4 Eigelb
100 g geriebener Emmentaler
6 Eiweiß
Für die Form:
1 EL Butter

Die Kartoffeln schälen, in Stücke schneiden, im Salzwasser 20 Minuten kochen und abgießen. Mit der Butter, Mehl, Salz, frisch gemahlenem Pfeffer, Muskatnuß und der Sahne pürieren.

Den Schinken in feine Würfel schneiden und in einer Pfanne anbraten. Die Kräuter waschen, kleinhacken und mit den Schinkenwürfeln zum Kartoffelpüree geben. Die Eigelbe mit dem Käse verquirlen und unter die Masse rühren.

Das Eiweiß zu steifem Schnee schlagen und unter die Kartoffel-Masse heben. Eine feuerfeste Soufflé-Form oder Schüssel mit der Butter, bis 1 cm unter dem Rand einfetten und die Masse hineingeben.

In die Bratenpfanne vom Backofen 2 cm Wasser einfüllen und den Backofen auf 220 Grad vorheizen, das Soufflé hineinstellen. Den Ofen auf 180 Grad zurückschalten und 25 Minuten im Wasserbad garen.

Den Auflauf danach noch etwas im ausgeschalteten Backofen stehen lassen, damit sich das Eiweiß verfestigt.

Das Soufflé sofort mit kurzgebratenem Fleisch und einem gemischten Salat servieren.

Käse-Soufflé

400 g geriebener Gouda
400 ml süße Sahne
80 g Mehl
weißer Pfeffer
1/2 Bund Petersilie
4 Eigelb, 6 Eiweiß
Für die Form:
1 EL Butter

Den Käse reiben, mit Sahne und Mehl verrühren. Dann mit frisch gemahlenem Pfeffer abschmecken. Die Petersilie waschen und kleinschneiden. Die Eigelbe verquirlen und mit der Petersilie unter die Masse rühren. Die Eiweiße zu steifem Schnee schlagen und unter die Käse-Masse heben.

Eine feuerfeste Soufflé-Form oder Schüssel mit der Butter bis 1 cm unter dem Rand einfetten, und die Masse hineingeben.

In die Bratenpfanne vom Backofen 2 cm Wasser einfüllen und den Backofen auf

220 Grad vorheizen. Das Soufflé hineinstellen, den Ofen auf 180 Grad zurückschalten und 25 Minuten im Wasserbad garen.

Den Auflauf danach noch etwas im ausgeschalteten Backofen stehenlassen, damit sich das Eiweiß verfestigt.

Das Soufflé sofort servieren.

(Abbildung oben)

Tomaten-Soufflé

500 g Tomaten
100 g durchwachsener Schinkenspeck
50 g Semmelbrösel
200 ml süße Sahne
Salz, Zucker
weißer Pfeffer
1 Bund Basilikum
4 Eigelb, 6 Eiweiß
100 g geriebener Emmentaler
Für die Form:
1 EL Butter

Die Tomaten kurz in kochendes Wasser tauchen, häuten, vierteln, entkernen und fein pürieren. Den Schinkenspeck in feine Würfel schneiden und in einer Pfanne auslassen. Das Tomatenpüree mit den Semmelbröseln und der Sahne zugeben und aufkochen. Mit Salz, frisch gemahlenem Pfeffer und Zucker abschmecken. Die Masse vom Herd nehmen und etwas abkühlen lassen.

Das Basilikum waschen und kleinschneiden. Die Eigelbe mit dem Käse verquirlen und das Basilikum zugeben, alles unter die Masse rühren. Die Eiweiße zu steifem Schnee schlagen und unter die Tomaten-Masse heben.

Eine feuerfeste Soufflé-Form oder Schüssel mit der Butter, bis 1 cm unter dem Rand, einfetten, und die Masse hineingeben.

In die Bratenpfanne 2 cm Wasser einfüllen, die Form bis 1 cm unter dem Rand einfetten, und die Masse einfüllen. Den Backofen auf 220 Grad vorheizen, das Soufflé hineinstellen, den Ofen auf 180 Grad zurückschalten und 25 Minuten im Wasserbad garen.

Den Auflauf danach noch etwas im ausgeschalteten Backofen stehenlassen, damit sich das Eiweiß verfestigt.

Das Soufflé sofort mit kurzgebratenem Fleisch servieren.

Internationale Eintöpfe und Aufläufe

Kreolischer Seafood-Gumbo

250 g Shrimps
1 Langustenschwanz
500 g Miesmuscheln
600 g Okraschoten
1 1/2 l Wasser
Salz, 1 Karotte
1 Staudensellerie
1 Bund Frühlingszwiebeln
250 g Cocktailtomaten
3 Chilischoten
2 Knoblauchzehen
4 EL Pflanzenöl
Saft von 1 Zitrone
500 ml Geflügelfond
1 EL Hummer-Basis
2 EL gehackte gemischte Kräuter

Die Shrimps, den Langustenschwanz und die Muscheln unter fließendem kalten Wasser waschen, die Därme herausziehen und bei den Muscheln den Bart entfernen. Die Okras putzen, waschen, im Salzwasser 5 Minuten garen, abgießen und beiseite stellen.

Die Karotte schälen und in Scheiben schneiden. Den Staudensellerie und die Frühlingszwiebeln putzen, waschen und in Ringe schneiden. Die Tomaten kurz in kochendes Wasser tauchen und häuten. Die Chilischoten waschen, entkernen und klein würfeln. Die Knoblauchzehen schälen und klein würfeln.

Das Öl in einem großen Topf erhitzen, die Chilischoten und die Knoblauchzehen darin anbraten. Die Karotten, Staudensellerie und Frühlingszwiebeln zugeben und 5 Minuten andünsten. Mit Zitronensaft und Geflügelfond aufgießen. Die Tomaten und die Okraschoten zugeben und 5 Minuten garen.

Die ganzen Shrimps, den in Stücke geschnittenen Langustenschwanz und die Miesmuscheln zufügen und im geschlossenen Topf 15 Minuten, mehr ziehen als kochen lassen. Mit der Hummer-Basis und den gehackten Kräutern abschmecken.

Mit körnig gekochtem Butter-Reis servieren.

Jambalaya-Karibischer Eintopf

250 g Hummerkrabbenschwänze
4 Stone Crabs Scheren
2 Langustenschwänze
1 Zwiebel
1 Knoblauchzehe
100 g durchwachsener Speck
1 rote und 1 grüne Paprikaschote
200 g Parboiled Reis
1/2 TL Salz
1 Thymianzweig
1/2 Bund Zitronenmelisse
1 rote frische Chilischote
1 EL Zitronensaft
100 g gekochten Schinken
4 Fleischtomaten
500 ml Geflügelfond
1 EL Hummer-Basis

Die Hummerkrabben, Langustenschwänze und Stone Crabs waschen, die Därme herausziehen und von den Stone Crabs Scheren mit einem großen Messer den Gewichtstein abbrechen, damit sie gleichmäßiger garen, danach beiseite stellen.

Die Zwiebel und die Knoblauchzehe schälen und würfeln. Den Speck in Streifen schneiden, mit der Zwiebel und dem Knoblauch in einem Topf anbraten.

Die Paprikaschoten, waschen, halbieren, entkernen, in Streifen schneiden, dann zum Speck geben und 5 Minuten mitdünsten. Den Reis zugeben und unter Rühren glasig dünsten. Die Kräuter und die Chilischote waschen und kleinschneiden bzw. die Chilischote entkernen und hacken. Mit Salz, den Kräutern, der Chilischote und dem Zitronensaft abschmecken.

Den Schinken in Würfel schneiden. Die Tomaten kurz in kochendes Wasser tauchen, häuten, vierteln, entkernen und in grobe Stücke teilen. Den Schinken und die Tomaten zugeben, dann mit dem Geflügelfond aufgießen und 5 Minuten kochen lassen. Mit der Hummer-Basis abschmecken.

Die Meeresfrüchte zugeben und den Topf im vorgeheizten Backofen bei 180 Grad 20 Minuten garen lassen, eventuell Fond nachgießen. *(Abbildung rechts)*

Irish Stew

750 g Hammelfleisch
6 EL Butterschmalz
1 kg Weißkraut
750 g Kartoffeln
2 Zwiebeln
750 ml Lamm Fond
Salz
schwarzer Pfeffer
1 TL Kümmel

Das Fleisch waschen, trockentupfen und in Würfel schneiden. Das Butterschmalz in einem Topf erhitzen, und die Hammelwürfel darin scharf von allen Seiten anbraten.

Das Kraut putzen, waschen, vierteln, den Strunk entfernen und grob raffeln. Die Kartoffeln und die Zwiebeln schälen, würfeln.

Beides zum Fleisch geben, mit Salz, frisch gemahlenem Pfeffer und Kümmel abschmecken, mit dem Fond aufgießen und zugedeckt 60 Minuten garen lassen.

Im Schnellkochtopf reduziert sich die Zeit auf 20 Minuten.

Russischer Borschtsch

2 Bund Suppengrün
1 l Wasser
Salz
1/2 TL Kümmel
4 Wacholderbeeren
6 schwarze Pfefferkörner
1 Lorbeerblatt
500 g Suppenfleisch
750 g rote Bete
500 g Kartoffeln
2 Zwiebeln
1/2 Wirsingkopf
6 EL Sonnenblumenöl
1 Bund Petersilie
Salz, Zucker
schwarzer Pfeffer
200 ml Crème fraîche

Das Suppengrün putzen, waschen und grob zerkleinern. Das Wasser mit Salz in einen Topf geben, das Suppengrün mit den Gewürzen hineingeben und aufkochen. Das Fleisch waschen, trockentupfen und dazugeben. Im geschlossenen Topf 90 Minuten garen.

In der Zwischenzeit die rote Bete schälen und in Stifte schneiden. Die Kartoffeln und die Zwiebeln schälen und würfeln. Den Wirsing putzen, waschen, den Strunk entfernen und in Streifen schneiden.

Das Öl in einer Pfanne erhitzen, und das Gemüse nacheinander darin andünsten. Dann in einen großen Topf geben.

Das Fleisch aus der Brühe nehmen und in Würfel schneiden. Die Brühe durch ein Haarsieb gießen und mit dem Gemüse im geschlossenen Topf 20 Minuten sieden lassen. Die Fleischwürfel 5 Minuten vor Ende der Garzeit zugeben.

Die Petersilie waschen und kleinschneiden. Mit Salz, frisch gemahlenem Pfeffer, Zucker und Petersilie abschmecken.

Je einen Löffel Crème fraîche in die Mitte einer Portion geben.

Szegediner Gulasch

500 g Schweinefleisch
4 EL Butterschmalz
500 g Zwiebeln
1 Knoblauchzehe
100 g durchwachsener Speck
1 rote und 1 grüne Paprikaschote
1 EL Paprika-Paste
1 TL Thymian
1 TL Kümmel
Salz, schwarzer Pfeffer
2 EL Tomatenmark
500 g Sauerkraut
500 ml Rinderfond
100 ml saure Sahne
75 ml Weißwein
1 EL Zucker

Das Fleisch waschen und trockentupfen, dann in Würfel schneiden. Das Schmalz in einer Pfanne erhitzen und das Fleisch von allen Seiten anbraten.

Die Zwiebeln und die Knoblauchzehe schälen und würfeln. Den Speck in Streifen schneiden, mit den Zwiebeln und dem Knoblauch in einem Topf anbraten.

Die Paprikaschoten, waschen, halbieren, entkernen, in Streifen schneiden, dann zum Speck geben und mitdünsten. Mit Paprika, Thymian, Kümmel, Salz, frisch gemahlenem Pfeffer und Tomatenmark abschmecken.

Das Sauerkraut und die Fleischwürfel zugeben. Mit dem Fond aufgießen und zugedeckt 60 Minuten schmoren lassen.

10 Minuten vor Ende der Garzeit die saure Sahne unterrühren. Mit Wein und Zucker abschmecken und mit Kartoffelpüree servieren. *(Abbildung rechts)*

Süße Nachspeisen – fruchtige Desserts

Waldbeeren-Auflauf

200 g Brombeeren
200 g Himbeeren
200 g Heidelbeeren
100 g Butter
125 g Zucker
3 Eier
1 Päckchen Vanillinzucker
125 g Mehl
40 g Speisestärke
1 TL Backpulver
100 g Mandelblättchen
Für die Form:
1 EL Butter
Zum Garnieren:
2 EL Puderzucker

Die Beeren putzen, waschen und abtropfen lassen. Die Butter mit Zucker, Eigelben und Vanillinzucker schaumig rühren. Das Mehl sieben, mit Speisestärke und Backpulver vermischen, dann unter die Eiermasse rühren. Die Eiweiße zu steifem Schnee schlagen und unterheben.

Eine feuerfeste Form mit der Butter einfetten und mit den Beeren auslegen, die Mandelblättchen darüber streuen.

Die Eiermasse darüber streichen und im vorgeheizten Backofen bei 180 Grad ca. 45 Minuten backen.

Den Auflauf mit Puderzucker bestreuen und mit Vanillesauce servieren.

(Abbildung links)

Kaiserschmarrn

4 Eier, 75 g Butter
4 EL Zucker
1 Päckchen Vanillinzucker
Schale von 1/2 unbehandelten Zitrone
4 EL Mehl
2 EL Rosinen
1 EL Rum
Für die Form:
1 EL Butter
Zum Garnieren:
50 g gehackte Mandeln
1 EL Puderzucker

Die Eier trennen; Eigelbe, Butter, Zucker, Vanillinzucker und geriebene Zitronenschale mit einem Handrührgerät schaumig rühren, bis die Masse dick und weißlich wird. Der Zucker muß sich vollständig auflösen. Das Mehl, Rosinen und Rum hinzufügen.

Die Eiweiße zu steifem Schnee schlagen und unter die Eiermasse heben. Eine Auflaufform mit der Butter einfetten, und die Masse hineingeben. Im vorgeheizten Backofen bei 220 Grad goldgelb backen, mit einer Gabel in Stücke zerreißen mit Mandeln und Puderzucker bestreut servieren.

Topfenschmarrn

2 Eier, 4 EL Zucker
1 Vanillinzucker
250 g Quark
125 ml saure Sahne
Saft von 1 Zitrone
Schale von 1/2 unbehandelten Zitrone
1 EL Rum
4 EL Mehl
2 EL Rosinen
Für die Form:
1 EL Butter
Zum Garnieren:
1 EL Puderzucker

Die Eier trennen; Zucker, Vanillinzucker, Quark, saure Sahne, Zitronensaft und geriebene Zitronenschale mit einem Handrührgerät schaumig rühren. Der Zucker muß sich vollständig auflösen. Rum, Mehl und die Rosinen zufügen.

Die Eiweiße zu steifem Schnee schlagen und unter die Quarkmasse heben. Eine Auflaufform mit der Butter einfetten, und die Masse hineingeben. Im vorgeheizten Backofen bei 220 Grad goldgelb backen. Mit einer Gabel in Stücke zerreißen, mit Puderzucker bestreuen und mit Apfelmus servieren.

Schlesische Mohnklöße

500 ml Milch
75 g Zucker
4 EL Rum
250 g gemahlener Mohn
50 g Rosinen
50 g gehackte Mandeln
12 Stück Zwieback

Die Hälfte der Milch in einen Topf geben und zum Kochen bringen. Den Zucker und den Rum zugeben und über den Mohn gießen. Die Rosinen und die Mandeln unterrühren. Die restliche Milch erhitzen und über den zerkleinerten Zwieback gießen.

Eine Glasschüssel mit Zwieback und der Mohnmasse abwechselnd einfüllen, mit Mohn abschließen. Den Auflauf im Kühlschrank abkühlen lassen.

Salzburger Nockerln

3 Eier, 50 g Butter
4 EL Zucker
1 Prise Salz
1 Päckchen Vanillinzucker
7 EL Milch
1 EL Mehl
1 EL Puderzucker

Den Backofen auf 220 Grad vorheizen. Die Eier trennen. Aus Eigelben, Butter und Zucker mit einem Handrührgerät eine dickliche weiße Creme schlagen.

Die Eiweiße mit Vanillinzucker und Salz sehr steif schlagen. Die Milch in eine Auflaufform geben und auf dem Herd zum Kochen bringen.

Den Eischnee vorsichtig unter die Eimasse heben, dabei das Mehl durch ein Sieb einstreuen. Mit einem großen Löffel drei große Nocken aus der Masse stechen und auf die Milch setzen.

Die Auflaufform in den Backofen setzen und 10 Minuten goldgelb backen. Beim Herausnehmen darauf achten, daß die Nockerln keine Zugluft bekommen.

Mit Puderzucker bestreut sofort servieren.

Saucen – pikant und süß

Pflaumensauce

Für 6 Personen:

100 g Pflaumenmus
100 g Mango-Chutney
2 EL dunkle Sojasauce
1 EL Ingwersaft
2 EL Honig
1 EL Essig
1/2 TL Chilipulver

Das Pflaumenmus und das Chutney in einen Topf geben und unter Rühren erhitzen. Die Sojasauce, den Ingwersaft, den Honig und den Essig unterrühren. Mit Chilipulver abschmecken. Die Sauce paßt zu Geflügel und Lamm.

Eigelbsauce

3 Eigelb, 1 TL Wasser
3 EL Sesamöl
2 EL Speisestärke
1/2 TL Kräuter-Senf
Salz, weißer Pfeffer

Die Eigelbe mit dem Wasser verrühren. Das Öl und die Speisestärke in einen kleinen Topf geben und unter Rühren erhitzen. Den Senf unterrühren und mit Salz abschmecken, rühren bis die Mischung glatt ist.

Nach und nach die Ei-Mischung unter Rühren einlaufen lassen, die Sauce darf nicht mehr kochen, da sie sonst gerinnt.

Eventuell mit frisch gemahlenem Pfeffer abschmecken.

Crème-fraîche-Sauce mit Mandeln

10 g geschälte Mandeln
1 Becher (200 ml) Crème fraîche
2 EL Milch
1 Spritzer Tabasco
Salz
weißer Pfeffer
1/2 Bund Schnittlauch

Die geschälten Mandeln kleinhacken und in einer beschichteten Pfanne ohne Fett leicht anrösten. Anschließend die Crème fraîche in eine Schüssel geben und die Milch, die Mandeln und die Tabascosauce einrühren.

Mit Salz und frisch gemahlenem Pfeffer abschmecken. Den Schnittlauch waschen und in feine Röllchen schneiden und zum Schluß in die Sauce rühren.

Crème-fraîche-Sauce mit Kresse

1 Tomate
1 Becher (200 ml) Crème fraîche
2 EL Milch
1 EL Zitronensaft
Salz, weißer Pfeffer
1 Kästchen Kresse

Die Tomate in kochendes Wasser tauchen, häuten, vierteln und die Kerne entfernen. Das Fruchtfleisch in kleine Stücke schneiden.

Die Crème fraîche in eine Schüssel geben. Die Milch, den Zitronensaft und die Tomatenstückchen einrühren. Mit Salz und frisch gemahlenem Pfeffer abschmecken.

Die Kresse waschen, die Blättchen mit einer Küchenschere abschneiden und zum Schluß unter die Sauce rühren.

Pfefferminzsauce

1 Becher (200 ml) Crème fraîche
2 EL Milch
1 TL Zitronensaft
Zucker, Salz
weißer Pfeffer
1 Bund Pfefferminze

Die Crème fraîche in eine Schüssel geben, mit der Milch und dem Zitronensaft verrühren. Mit Zucker, Salz und frisch gemahlenem Pfeffer abschmecken.

Die Pfefferminze waschen, die Blättchen abzupfen, kleinschneiden und zum Schluß unter die Sauce rühren.

Petersiliensauce

Zutaten und Zubereitung wie »Pfefferminzsauce«. Statt der Pfefferminze 1 Bund Petersilie verwenden.

Tomatensauce

125 g Tofu
125 ml Tomatensaft
2 EL helle Sojasauce
3 Spritzer Tabasco
Pfeffer
1 TL Basilikum
1 TL Zitronensaft
4 EL Erdnußöl
1 Prise Zucker

Alle Zutaten nacheinander in eine Schüssel geben und mit dem Mixer pürieren.

Grüne Pfeffer-Mayonnaise

Für 6 Personen:

Zutaten und Zubereitung wie »Grundrezept Mayonnaise« (Rezept s.S. 59).

Zusätzlich mit 1 TL grünem Pfeffer aus dem Glas, 2 EL Schlagsahne und mit 1 Prise Zucker abschmecken. Den weißen Pfeffer weglassen.

Chinesische Mayonnaise

Für 6 Personen:

Zutaten und Zubereitung wie »Grundrezept Mayonnaise« (Rezept s.S. 59).

Zusätzlich 1 EL Sojasauce und 3 EL Sesampaste unterrühren.

Grundrezept für Mayonnaise

Für 6 Personen:

4 Eigelb
1 EL Essig oder Zitronensaft
1 EL mittelscharfer Senf
300 ml Pflanzenöl
Salz, weißer Pfeffer

Die Eigelbe mit einem Schneebesen oder einem elektrischen Handrührgerät verrühren. Den Essig mit dem Senf verrühren und dazugeben. Nun das Öl nach und nach, erst tropfenweise, dann mit dünnem Strahl unter Rühren zugießen, bis die Masse sämig wird.

Mit Salz und frisch gemahlenem Pfeffer abschmecken. Die Karotte schälen und in Scheiben schneiden.

Senf-Mayonnaise

Für 6 Personen:

Zutaten und Zubereitung wie »Grundrezept Mayonnaise«.

Zusätzlich 2 EL Dijon-Senf einrühren, dafür den im Grundrezept angegebenen Senf weglassen.

Kräuter-Mayonnaise

Für 6 Personen:

Zutaten und Zubereitung wie »Grundrezept Mayonnaise«.

Zusätzlich 4 EL gemischte, gehackte frische Kräuter wie z.B. Basilikum, Petersilie, Dill, Estragon, Zitronenmelisse usw. unterrühren. Es eignen sich auch tiefgefrorene Kräuter.

Knoblauch-Walnuß-Mayonnaise

Für 6 Personen:

Zutaten und Zubereitung für »Grundrezept Mayonnaise« (Rezept s.S. 59).

Zusätzlich 4 geschälte und durchgepreßte Knoblauchzehen und 2 EL feingehackte Walnüsse unterrühren.

Schnittlauch-Mayonnaise

Für 6 Personen:

Zutaten und Zubereitung wie »Grundrezept Mayonnaise« (Rezept s.S. 59).

Zusätzlich 1 Bund gewaschenen und in Röllchen geschnittenen Schnittlauch unterrühren.

Curry-Mayonnaise

Für 6 Personen:

Zutaten und Zubereitung wie »Grundrezept Mayonnaise« (Rezept s.S. 59).

Zusätzlich 2 EL Currypulver unterrühren.

Orangensauce

2 kleine Stückchen kandierter Ingwer

250 ml Orangensaft

Schale von 1 unbehandelten Orange

4 EL Zucker

2 EL trockener Sherry oder Reiswein

1 EL Speisestärke

2 EL Wasser

Den Ingwer fein würfeln. Den Orangensaft in einen Topf geben, mit dem Ingwer, der feingeriebenen Orangenschale und dem Zucker aufkochen. Den Sherry zugeben. Die Speisestärke mit dem Wasser glattrühren und dazugeben. Danach unter Rühren aufkochen lassen, bis die Sauce sämig wird.

Pflaumensauce süß-scharf

100 g Pflaumenmus

100 g Mango-Chutney

1 Stückchen frische Ingwerwurzel

1 TL Sojasauce

1 EL Ingwersaft

1 TL Hoisinsauce

1 TL Essig

1/4 TL Chilipulver

Das Pflaumenmus mit dem Chutney verrühren. Den Ingwer schälen, fein reiben und mit der Sojasauce, dem Ingwersaft, der Hoisinsauce, dem Essig und dem Chilipulver unter die Pflaumen-Chutney-Mischung rühren.

Joghurt-Orangen-Sauce

1/2 Becher Sahnejoghurt

3 EL Schlagsahne

1 EL Zucker

2 EL Orangensaft

1 TL Zitronensaft

1 EL Orangenlikör

1 Orange

Den Joghurt mit der Schlagsahne verrühren und dann den Zucker, den Orangen-, und Zitronensaft und den Orangenlikör hinzufügen.

Die Orange filetieren und kleinschneiden, dann unter die Sauce heben. Die Sauce paßt zu frischen Früchten.

Frühlingszwiebel-Sauce

2 Frühlingszwiebeln
125 ml helle Sojasauce
2 EL Sesamöl
1 EL mittelscharfer Senf

Die Frühlingszwiebeln putzen, waschen und in feine Ringe schneiden. Anschließend die Sojasauce in eine Schüssel geben und mit dem Öl, den Frühlingszwiebeln und dem Senf verrühren.

Honigsauce

250 g Tofu
3 EL Honig
100 ml Schlagsahne
1 EL Orangenlikör
1 TL Zitronensaft
50 g gehackte Pistazien

Den Tofu in eine Schüssel geben und mit dem Honig, der Schlagsahne, dem Orangenlikör und dem Zitronansaft zu einer cremigen Sauce verrühren. Die Pistazien hacken und über die Sauce streuen.

Die Sauce paßt gut zu frischen Früchten und Obstsalat.

Früchte-Sauce

100 g Erdbeeren
100 g Himbeeren
2 EL Zucker
1 EL Zitronensaft
2 EL Schlagsahne

Die Erdbeeren und Himbeeren waschen, putzen, mit dem Zucker und dem Zitronensaft pürieren. Zum Schluß die Sahne unterziehen. Paßt zu frischen Obstsalaten.

Erdnußbutter-Sauce

4 EL Erdnußbutter
3 EL helle Sojasauce
4 EL Sesamöl
2 EL Brühe
1 Prise Chilipulver

Die Erdnußbutter mit der Sojasauce, dem Öl und der Brühe verrühren. Danach mit dem Chilipulver abschmecken.

Knoblauchsauce

2 Knoblauchzehen
1 EL Honig
2 EL helle Sojasauce
1 EL Hoisinsauce

Die Knoblauchzehen schälen und durch die Presse drücken. Den Honig etwas erwärmen und mit der Soja- und der Hoisinsauce verrühren. Dann den Knoblauch zugeben. Die Sauce paßt zu gekochten und gebratenem Geflügel.

Paprika-Creme »Morgenröte«

250 g Tofu
5 EL Schlagsahne
1 rote Paprikaschote
1 kleine Zwiebel
1 TL helle Sojasauce
1/2 TL Paprikapulver
1/4 TL Currypulver
1 Prise Zucker
Salz, weißer Pfeffer

Den Tofu in eine Schüssel geben und mit der Schlagsahne zu einer Creme rühren.

Die Paprikaschote waschen, putzen, halbieren und entkernen, dann im Mixer pürieren. Das Püree zur Tofucreme geben.

Die Zwiebel schälen und ganz fein hacken, ebenfalls zur Creme geben und mit der Sojasauce und den Gewürzen abschmecken.

Kräuter-Knoblauch-Sauce

Für 8 Personen:
5 Knoblauchzehen
1 EL gehackte Petersilie
2 Eigelb
125 ml Pflanzenöl
125 ml Crème fraîche
1 TL Salz

Die Knoblauchzehen schälen und durch die Presse in eine Schüssel drücken. Die Petersilie waschen und fein hacken.

Die Eigelbe unter Rühren hinzufügen und das Öl erst tropfenweise, dann in dünnem Strahl, am besten mit einem Handrührer, dazurühren, bis die Sauce dicklich wird. Die Crème fraîche und die Petersilie unterrühren. Zum Schluß mit Salz abschmecken.

Limettensauce

1 Becher (200) ml Crème fraîche
2 EL Schlagsahne
2 EL Limettensaft
2 EL Honig
1 TL Limettenschale

Die Crème fraîche in eine Schüssel geben, die Sahne, den Limettensaft und den Honig einrühren. Die fertige Sauce mit geriebener Limettenschale bestreuen. Die Sauce paßt zu frischen Früchten.

Zitronen-Sahne-Sauce

Zutaten und Zubereitung wie »Joghurt-Orangen-Sauce.« (Rezept s. S. 60). Den Orangensaft und die Orange weglassen.

Register